U0548549

南海·丹灶
NANHAI DANZAO

丹灶文化解密

丹灶历史文化丛书（第一辑）

中共佛山市南海区丹灶镇委员会宣传文体办公室 主编

吴劲雄 ◎ 著

知识产权出版社
全国百佳图书出版单位

图书在版编目（CIP）数据

丹灶文化解密 / 吴劲雄著 . —北京：知识产权出版社，2019.8
（丹灶历史文化丛书 . 第一辑）
ISBN 978-7-5130-6369-2

Ⅰ.①丹… Ⅱ.①吴… Ⅲ.①地方文化—研究—南海区 Ⅳ.①K296.54

中国版本图书馆 CIP 数据核字（2019）第 144043 号

责任编辑：邓　莹　　　　　　　　　　　责任校对：潘凤越

特约编辑：冯汝林　　　　　　　　　　　责任印制：刘译文

丹灶文化解密
吴劲雄　著

出版发行：知识产权出版社 有限责任公司	网　　址：http://www.ipph.cn
社　　址：北京市海淀区气象路50号院	邮　　编：100081
责编电话：010-82000860转8346	责编邮箱：dengying@cnipr.com
发行电话：010-82000860转8101	发行传真：010-82000893/82005070
印　　刷：三河市国英印务有限公司	经　　销：各大网络书店、新华书店及相关专业书店
开　　本：720mm×1000mm　1/16	印　　张：10.5
版　　次：2019年8月第1版	印　　次：2019年8月第1次印刷
字　　数：150千字	定　　价：58.00元
ISBN 978-7-5130-6369-2	

出版权专有　侵权必究
如有印装质量问题，本社负责调换。

《丹灶历史文化丛书》（第一辑）

《丹灶历史文化丛书》编辑委员会

主　　　任：张应统
副　主　任：陆文勇
执行副主任：陈亮华
顾　　　问：吴彪华　叶永恒
委　　　员：梁惠瑶　麦永权　叶迟华
　　　　　　古坚庆　游碧坤　李志雄

《丹灶历史文化丛书》编委会编辑部

主　　　编：梁惠瑶
副　主　编：麦永权
执行副主编：叶迟华　古坚庆
　　　　　　李志雄　游碧坤
编　　　务：徐佩英　胡　和　劳翠妍
　　　　　　何凤婵　陈瑞清

《丹灶文化解密》编辑委员会

顾　　问：吴彪华　叶永恒
　　　　　何树能　罗锦初
主　　任：梁惠瑶
副 主 任：麦永权　刘朝阳
委　　员：郭亚明　叶迟华
　　　　　李志雄　吴劲雄

《丹灶文化解密》编委会编辑部

主　　　　编：梁惠瑶
副 主 编：麦永权　刘朝阳
执行副主编：郭亚明　叶迟华
　　　　　　李志雄　吴劲雄
编　　　务：胡　和　徐佩英
　　　　　　何凤婵　陈瑞清

前　言

丹灶文化概说

　　丹灶，位于西江、北江第一次汇流的思贤滘之下，早在5000年前的新石器时代就有人类活动，1600多年前葛洪仙人曾到此设灶炼丹。大约在1000年前的宋代，丹灶的名字正式出现。

　　5000多年的岁月长河，从银河涌中段的佛山市文物保护单位通心岗遗址开始（康有为家乡苏村东面）。通心岗上有新石器时期遗址，出土了大量石斧、石燧和方格纹、叶脉纹红陶陶片。银河涌北段的南海区不可移动文物保护单位商代馒头窑遗址（杜定友家乡大果村东面），则在2000年后承继着新石器时期的悠久足迹，把这段历史继续推衍下去。直至1600多年前的晋代，著名学者葛洪为了躲避战乱，从北方来到这里，寻求炼丹延年之方。他曾经在金峰冈西麓开掘洗药井，设灶炼丹，悬壶济世。这段历史如今还记载在《南海县志》中，这口古井如今还保留在丹灶村里面。南宋时"梁姓二世祖明远尝筑亭其上，名曰'丹亭'，盖取洗药炼丹之义云"。[1] 自此之后，大家就把该村命名为丹灶，正式揭开

---

[1] （清）郑荣修，桂坫纂：《（宣统）南海县志》卷四《舆地略三》，见广东省地方史志办公室辑《广东历代方志集成·广州府部（一四）》，岭南美术出版社2007年版，第144页。

了丹灶人文历史的序幕。

《南海县志》记载，南宋绍兴年间（1131—1162），上沥村东北面有湖广黄州府知府麦贞建造的知府桥。❶西联社区（茅洲乡）建有北帝庙（现龙堂），《南海县志》中还收录了三水白坭镇举人陆宣写于明代天顺五年（1461）的《重修记》，指出该庙在元朝末年帮助过当地乡民抵御顺德强盗。❷现存最早的广东地方史志元代《（大德）南海志》，已经记载了丹灶村旁官山涌上有"丹灶渡"，南沙涌西岸有"横江渡"。❸这表明继宋代丹灶建村之后，横江最迟也在元代之前已经建墟。宋元之间，是丹灶大地得到全面开发的重要时期。坐落在银河涌北段广东省历史文化名村仙岗，也是宋元之间建村。如今村内还保存着元代皇庆二年（1313）仙岗陈氏始祖陈仙溪的墓，现在被列为南海区不可移动文物保护单位。丹灶村南面的官山涌西岸孔边村，也在这个时期建立，村北牛眠岗上有元代广州路总管方道隆墓。❹后来，其玄孙明代武英殿大学士方献夫的墓也迁葬在此，被共同认定为广东省文物保护单位。

方献夫是丹灶镇历史上第一位有文献明确记载的进士（宋元时期的南海进士由于缺乏具体乡籍记载，无法考知是否为丹灶人）。他不仅是丹灶镇历史上官职最高的人，还是明代广东官职最高的官员，位至宰辅，一人之下，万人之上，十分尊贵。他与顺德人太师梁储、南海人礼部尚书霍韬等人先后同朝共事。由于他们地位显赫，又有同乡之谊，因此当时有"南海士大夫集团"之称（顺德在明代景泰年间才从南海分出，在很长一段时间内都自称南海或被认为是南海）。"南海士大夫集团"是广

---

❶ （清）郑梦玉等修，梁绍献等纂：《（同治）南海县志》卷五《建置略二》，见广东省地方史志办公室辑《广东历代方志集成·广州府部（一三）》，岭南美术出版社 2007 年版，第 489 页。

❷ （清）潘尚楫修，邓士宪等纂：《（道光）南海县志》卷十一《建置略四》，见广东省地方史志办公室辑《广东历代方志集成·广州府部（一三）》，岭南美术出版社 2007 年版，第 271 页。

❸ （元）陈大震，吕桂孙纂修：《（大德）南海志》卷十，见广东省地方史志办公室辑《广东历代方志集成·广州府部（一）》，岭南美术出版社 2007 年版，第 37 页。

❹ （明）刘廷元修，王学曾纂：《（万历）南海县志》卷二《舆地志二》，见《广东历代方志集成·广州府部（一○）》，岭南美术出版社 20017 年版，第 33 页。

东省自唐代名相张九龄之后，广东省籍官员再次荣登显要、影响中国发展路向的一批重要人物。作为"南海士大夫集团"后殿之一的南京礼部尚书何维柏，是沙滘村人。沙滘村位于横江墟以南，同在南沙涌西岸。何维柏疾恶如仇，是当时第一位弹劾奸臣严嵩的人，与海瑞齐名，被称为明代清官。他的亲弟何维椅也是隆庆进士。兄弟联捷，世所罕见。明代丹灶镇的另一位进士是小杏村何文邦。他官至江西南康府知府，曾在家乡疏浚官山涌支流银河涌，引西江水灌溉农田。并筑有节制水窦，被称为"何公窦"，❶保存至今。

直至明代为止，丹灶文化的发展特色已经逐步显现，基本可以看出是一种"傍水而生"的倾向。从西往东，银河涌边是丹灶镇已知最早的有人类活动的地方，中段有新石器时期通心岗遗址，北段又有商代庄边窑址。康有为家乡苏村正在通心岗遗址之西，广东省历史文化名村仙岗就坐落在庄边窑址之北，明代知府何文邦的家乡小杏村就坐落在通心岗遗址之南。苏村明代已经建有天后庙，后来改为银塘社学，由明代广东提学魏浣初书额。庙、社共址，至今犹存。

晋代葛洪的炼丹之地就在官山涌边的丹灶村，元代广州路总管方道隆、明代武英殿大学士方献夫的家乡孔边村，就在丹灶村南面的官山涌西岸。南沙涌西岸，北段的横江渡已经被记载在元代《（大德）南海志》中；中段的沙滘村明代出了兄弟进士何维柏和何维椅。南沙涌东岸，宋代已经出了湖广黄州府知府麦贞，他建有现在文献记载丹灶境内最早的知府桥；西联社区宋代也建有北帝庙（现龙堂），《重修记》还完好保存在《南海县志》中。北江（东平水道）西岸的洲头村，明代建有太尉庙，大铁钟上的铭文也收录在《南海县志》里面。洲头村南面石桥村（金沙大桥南面），"明敏惠公庞尚鹏尝读书于"此，"瓣香园、竹筌馆等诸胜，

---

❶ （清）郑梦玉等修，梁绍敏等纂：《（同治）南海县志》卷二十五《杂录上》，见《广东历代方志集成·广州府部（一一）》，岭南美术出版社2007年版，第786页。

迄今为乡中名流觞咏之地"。❶ 由此可见，丹灶镇内的北江干流东平河道和支流南沙涌、官山涌丹灶段干流和支流银河涌，共同孕育了丹灶文化的早期辉煌。

到了清代，深处在一片丘陵山岗之中的梅庄村，最先打破了广东文化界的沉寂。乾隆进士冯成修官至礼部祠祭司郎中、贵州学政，"以醇德正学为岭学宗"，❷ 引领着清代岭南学风的走向。当时著名学者劳潼、何文绮等人都是他的弟子和再传弟子。后来，丹灶镇的荷村进士徐台英、苏村举人康赞修（康有为祖父）、梅庄村举人冯湘等人，都是何文绮的学生，成为冯成修的三传弟子。另外，梅庄村举人冯国倚还培养出清代南海唯一的一位探花罗文俊（南庄镇人），以及两位进士孔继勋和冼倬邦。罗文俊任顺天乡试主考官时，录取了李鸿章为举人。李鸿章后来官至直隶总督，成为晚清洋务运动的主要领导人，引进西方各种先进设备和思想，开阔了国人的眼界，也为康有为的维新变法运动提供了各种条件。

荷村进士徐台英是康有为家族的世交，他与康有为祖父辈康赞修、康国熺、康道修等人都是好朋友，自称"与康氏交得两赵焉，如夏日可畏者种之（康国熺），如冬日可爱者述之（康赞修）"。❸ 康有为祖父康赞修在中举前曾在广州越秀书院学习，与朱九江是同门。朱九江在考中举人之后，曾在南沙新村（今广东省历史文化名村棋盘村）坐馆授徒。他的患难之交徐台英为他介绍了棋盘村陈北（扫地北）的发家史。后来，朱九江辞官归里，讲学九江礼山，把陈北的故事作为仁术的典型向学生们讲解。这时，康有为的父亲康达初、叔父康达节（康国熺子）、伯父

---

❶ （清）郑梦玉等修，梁绍敏等纂：《（同治）南海县志》卷五《建置略二》，见《广东历代方志集成·广州府部（一一）》，岭南美术出版社2007年版，第485页。

❷ （清）康有为撰：《述德诗》五十首，见姜义华、张荣华编校《康有为全集》第十二册，中国人民大学出版社2007年版，第295页。

❸ （清）郑荣，桂坫纂：《（宣统）南海县志》卷十五《康赞修传》，见《广东历代方志集成·广州府部（一四）》，岭南美术出版社2007年版，第385页。

康达棻（康道修子）和康有为等人，先后在礼山跟从朱九江学习。朱九江早年在丹灶领悟了仁术，经过提炼之后，晚年又将其教授给丹灶人，这对康有为大同理想的形成有非常重要的影响。

康有为伯祖康国器，在江西参与平定太平天国起义，得到左宗棠的赏识，官至广西护理巡抚，是在《清史稿》中有专门传记的四个丹灶人之一（另外三个是冯成修、徐台英和康有为）。康国器弟弟康国熺，为了应对广东天地会的骚乱，率先与西城村进士游显廷、仙岗村举人陈维新、孔边村方瑶材、丹灶村谢时辉等人，在竹迳墟同人社学组建同人局团练。同人社学由丹灶镇南部二十二乡共同建造于清代乾隆年间，是处理各种乡事的自治机构。如今丹灶村的《丹山谢氏世谱》和孔边村的《南海丹桂方谱》还完整记录了同人社学（同人局）处理乡务的三件事，在当地民众心中享有很高的威望。康有为在考中举人之后，也回到家乡想主持同人局的事务。但是，他与康国熺培养的大涡村进士张乔芬发生争执，要广东巡抚出面调停才得以平息。康有为称这个事件与戊戌变法并无二致，算得上是戊戌变法前的一场预演，这让他深刻体会到政治纷争的本质。

也就是说，康有为的变法运动是家乡与家族共同作用的结果。如果离开了丹灶，没有冯成修引领的理学为之铺垫，没有徐台英、朱九江等人的教学为之引导，没有康家的同人局团练为之启发，康有为的变法思想就不可能形成，他的变法运动也不可能实行。与此同时，南海元代以来一直是广州府的附郭县，与香港、澳门只有一水之隔。作为明清以来中国最重要的对外口岸，广州是接受外国风气最早的地方。康有为借此机会尽览外国书籍，考察欧美政制。在这样一个新旧交错、内外交通的地方，让康有为既有中国旧学的根基，又有欧美新学的眼界，因此铸就了他的变通品格，成为维新领袖，能够推行改变近代中国整体局势的变法运动。

康有为家乡所在地苏村，自古以来被认为是"西城、苏村、大仙岗等各乡之门户"，❶关乎附近各村的文运发展。因此，清代中期西城村游家就在这里建有银河桥文塔，并经过游显廷祖父辈三代人的先后重修。后来，良登村方翀亮、西城村游显廷、苏村康有为、仙岗村陈汝霖等人先后高中进士。其中，西樵军机大臣戴鸿慈、沙水村翰林刘廷镜还是游显廷的学生。而方翀亮则是当时的道德典范，被康有为作为赞誉的对象写入《大同书》之中。

　　文运兴衰，其实与教育最为密切。丹灶历史上总共建有五座书院，分别是仙岗村的仙岗书院（现存）、小杏村的扶溪书院、上林村的云鼎书院、沙边村的登俊书院、西岸村的西溪书院。上林村的云鼎书院建造后不久，林彭年就荣登榜眼，林耀增也高中进士。诸如社学、私塾、家塾等其他教学机构，更是数不胜数。在近代新式教育方面，丹灶村的醒华学校更是远近闻名，学制完整，师资雄厚，先后为丹灶及附近乡镇培养出许多著名人物。1945年在美国军舰上见证日本投降签署仪式的战地记者黎秀石，就曾经在醒华学校读过书。后来他成为中山大学的教授，他的儿子黎思恺也是中国人民大学的教授。现在，丹灶镇也是南海区拥有高等院校的两个镇街之一。教育事业在古今延续中得以兴旺发展。

　　丹灶镇现存的本土著作至少有63种，《康有为全集》《方献夫集》《李宗颢日记手稿》等多部著作，已经由中国人民大学出版社、上海古籍出版社、广西师范大学出版社整理出版。冯成修的《养正要规》也被整理出来收录在2016年出版的《佛山家训》里面。何维柏的《天山草堂存稿》、徐台英的《铅刀集》、康国熺的《六台居士集》、冯愿的《狷斋丛抄》和《孝经实践录》等，被影印收录在《广州大典》，林彭年的《朝珊剩草》也被影印收录在《清代诗文集汇编》。《杜定友文集》也由广东教育出版社影印出版。黎秀石的两部著作《日本投降的前前后后》和《见证日本投降》，亦由香港明报出版社和广东人民出版社先后出版。

---

❶　（清）郑梦玉等修，梁绍敏等纂：《（同治）南海县志》卷四《建置略一》，见《广东历代方志集成·广州府部（一一）》，岭南美术出版社2007年版，第476页。

丹灶众多文化名人的出现并不是偶然的,而是具有鲜明的群体特征,是家族代代相传和环境潜移默化影响的共同结果。而且,丹灶文化名人当中有几个著名人物如方献夫、冯成修是遗腹子,康有为则自幼丧父,他们都是靠祖父或者伯父抚养成人的。因此,更显得家族传承的重要性和必要性。

一是孔边村方献夫家族。方献夫是明代武英殿大学士、吏部尚书、嘉靖首辅。他的祖父方权博闻强记,人称"方书柜"。父亲方遂,是明代成化七年（1471）乙榜进士,官广西全州学正。方献夫是遗腹子,全凭祖父方权的教养。方献夫所取得的成就其实凝聚了方氏三代人的心血。方献夫位居显要之后,十分关心家族发展,在家乡推举族长,创建大夫祠,设立家规。直到清代,有进士方翀亮,高风亮节,是当时的道德典范。又有举人方菁莪,恪守遗训,建宗祠、修族谱、编家训,方氏家族事务有赖他维持。

二是沙滘何维柏家族。何维柏是明代南京礼部尚书,培养弟弟何维椅考上进士。何维柏的著作后来逐渐散佚,幸得他的后人手抄流传,现保存于广东省立中山图书馆的曾经"孤本"《天山草堂存稿》就是"沙滘何氏家藏";后来公布的沙滘村另一部手抄本就是何维柏后人何沉抄于光绪年间。何沉在康有为第一次上书的1888年与康有为同路上京考试,他的《北上日记》后来成为考证南海会馆住宿制度的最直接材料。❶ 不仅有功于家族先贤,还有功于南海文化事业的发展。

三是梅庄冯成修家族,总共出了一位进士和七位举人,可以说是九代书香。据《南海县志》记载,冯成修玄孙举人冯葆廉"十岁读成修《养正要规》,能领略大旨"。❷ 如今我们仍能读到该书,正是他受父亲吩咐重刻于同治年间的。《南海县志》又称"庄头、冯村有钱粮会",是"冯

---

❶ 魏建科,蔡婉静,熊秦凯:《风云二百年:北京南海会馆》,广东人民出版社2016年版,第30页。
❷ (清)郑荣修,桂坫纂:《(宣统)南海县志》卷十五《冯葆廉传》,见《广东历代方志集成·广州府部（一四）》,岭南美术出版社2007年版,第389页。

潜斋先生所定宗规"（冯成修号潜斋），限定三日为交粮期限，逾期不到严惩不贷，所以"其乡三百年来无抗粮之民"。❶可见，冯成修后人不仅在他的著作浸润下成长，还在他所定的宗规善诱下发展。这种坚守和传承，无不彰显着丹灶文化的强大凝聚力。

四是苏村康有为家族。康家十六世以前基本为官署属员，直至康有为高祖康煇才立志为儒，成为康家第一个举人，走出了一条以教读为生的传家之路。康有为祖父康赞修亦步康煇之后肄业越秀书院，结识了后来把康有为引进圣贤大道的朱九江。康有为伯父康国熺以军功显达，大购群书，康有为表示："为少猎群书，皆饮公赐。"❷而康国熺与乡贤创办的同人局，后来又成为康有为戊戌变法前的试验之地。可以说，康家的教读传统为康有为指明了求学之路，康家的军旅生涯又为他启发了变法思想。之后康有为女儿康同薇、康同璧也继承了他的变法思想，积极参与变法运动。他们都是在家族的传承中成长起来的。

五是良登陈澹浦家族。陈澹浦在广州创办"联泰号"机器作坊，与他的二子陈濂川、六子陈桃川制造了中国第一台机器缫丝机。之后，陈氏家族的许多后人都秉承家风，继续从事机械制造业，而且都卓有成就。陈濂川的二子陈子卿，制造了第一艘由国内民营工厂生产的蒸汽机拖轮"江波号"。陈濂川的宗侄陈拔廷与顺德薛广森等人创办协同和机器厂，制造了中国第一台柴油机。陈子卿儿子陈允泗、陈允流，陈濂川三子陈淦业，陈淦业儿子陈允耀、孙子陈加强，等等，亦都是机械制造能手。可以说，一门器械世家，五代制造名匠，这是谨守家训、代代传承的结果。

其实，教育事业的发展、人才的培养需要十分强大的经济后盾。丹灶地处珠江三角洲的腹地之中，土地肥沃，河道纵横，自古以来都是渔耕、商业、手工业高度发展的地方。镇内出产的剑花、冬瓜、荔枝等远近驰

---

❶（清）郑荣修，桂坫纂：《（宣统）南海县志》卷四《舆地略三》，见《广东历代方志集成·广州府部（一四）》，岭南美术出版社2007年版，第189页。

❷（清）康有为撰：《述德诗》五十首，见姜义华、张荣华编校《康有为全集》第十二册，中国人民大学出版社2007年版，第296页。

名。较大的村庄一般设有市集，如仙岗村仙岗市、苏村银河桥市、西城村西城市、伏水村公益市、丹灶村珍丰市、冲霞南乡里门市等。水路交通汇聚之处又多设有墟，如伏水村与竹迳村交界的竹迳墟、与三水县接壤的横江墟、冲霞乡中心地带的罗行墟、陆洲村周边的富安墟等。其中，横江墟和罗行墟的商业情况还被民国著名报纸《申报》报道过。光绪二十二年（1896）《申报》指出："南海县黄鼎司属横江墟，与三水县西南埠遥遥相望，一苇可航。墟内铺户百余家，以布帛为大宗。并设典肆数家，以通贫民缓急。其中以致祥一肆为巨擘，人多信之。乡中富户辄将银两、衣物寄储其中，以防暴客。……西南埠某银号方存银数千。"❶光绪十九年二月二十日（1893年4月6日）《申报》又指出："广东南海县黄鼎司属，有箩行墟焉。附近之红门楼乡杜姓及海口乡麦姓，多以织造竹箩为业，织成则载往墟中发卖。每逢墟期，肩竹箩入市者相属于道，墟遂因是得名。"❷经过约三百年的发展，罗行墟的竹器制作工艺越来越精湛，种类越来越多，行业越来越规范。尤其在近代，珠三角的各种工农业产品基本上都是以竹筐装载，罗行墟出产的箩筐就占了很大比例。因此，北江上游的四会、广宁、怀集，西江上游的肇庆、梧州、藤县等地的商人无不知南海有罗行。作为南海传统竹器的优秀代表，南海竹编于2012年、2013年先后被列为南海区、佛山市非物质文化遗产，以全新的方式，在更广阔的空间和更深入的了解中继承下去。

丹灶镇目前拥有7个非物质文化遗产项目，除南海竹编之外，佛山市级项目还有葛洪传说、仙岗村烧番塔、龙舟说唱，南海区级项目丹灶扒龙舟、盲公话、西联神诞。相传东晋著名道教学者葛洪曾经来过丹灶采药炼丹，故事、遗迹一直流传至今，形成了葛洪传说。烧番塔是指砌成佛塔或者伊斯兰塔状的一种中秋节庆彩灯，广泛流传在中国南方；如今南海区仅剩几个地方继续举行，仙岗村就是其中比较著名的一个。龙

---

❶ 光绪二十二年十一月十六日（1896年12月20日）《申报》第8506号（上海版）《粤东火警》。

❷ 光绪十九年二月二十日（1893年4月6日）《申报》第7167号（上海版）《械斗记》。

舟说唱是一种类似于木鱼歌的广东民间说唱艺术，由于早期说唱艺人表演时多手执一支雕有龙舟模型的木杖，所以称为龙舟说唱。丹灶一直是龙舟说唱的流传地，现在还有少部分艺人懂得演唱。龙舟竞渡是我国南方地区流传了超过2000年的传统民间运动，丹灶扒龙舟最有地方特色，偏重五人龙舟，不太讲求龙舟的装饰，在几十公里的回旋中，考验的是竞渡者的耐力。盲公话是中国传统反切隐语的一种，广泛分布在全国各地。在南海区内流传至今的只有丹灶盲公话，可以称为南海反切隐语。神诞也是具有悠久历史的中国民间庆典活动，丹灶的神诞不仅具备一般神诞所具有的祭神、出游等仪式，还会在家中大开宴席，邀请亲朋前来聚餐。这种活动丹灶及附近各镇多有举行，后来逐渐取消，而西联村的庆典活动则保留得最为完整，一直延续到现在。

丹灶文化十分注重传承，代代相传的结果，就是比别人掌握了更强的认知能力和实际操作能力，能够在风气转变之时准确把握时代的脉搏，对国家、社会、行业的未来走向做出正确的判断，走在时代之先，找出相应的对策，创造一番惊世事业。因此，每当世运转变、国家危亡之际，总有丹灶人挺身而出，为国家的兴亡疾首呼吁，献策献计，甚至献出宝贵的生命。早在晋朝，葛洪之所以来到丹灶，就是因为"见天下已乱，欲避地南土，乃参广州刺史嵇含军事"，"穷九丹之秘术"，❶开出一派炼丹胜地，把岭南的传统医术推向高峰，后人至今受惠无穷。其《肘后备急方》还启发了屠呦呦提炼青蒿素的方法，获得了我国第一个诺贝尔生理学或医学奖。明代嘉靖皇帝以地方藩王入主皇位，内阁首辅杨廷和等人要求他改换父母，称堂兄正德皇帝为父亲，亲生父亲为皇叔，以达到皇家"继嗣"的要求。熟知宗法礼仪的孔边村方献夫认为不近人情，多次上疏讲明道理，与同仁一起阻止了杨廷和等人的荒谬做法，后来位居宰辅，扶正朝纲。维新领袖苏村康有为及其弟弟康广仁，目睹列强侵凌、国家将倒，愤然率同十八行省一千两百名举人公车上书，发动维新

---

❶ （唐）房玄龄等撰：《晋书》卷七十二《葛洪传》，中华书局1974年版，第1911-1913页。

变法，开学堂，办报刊，兴实业，练新军，救国家于危亡，扶大厦于将倾。变法惨遭失败之后，康有为流亡外国，康广仁以身殉国。同为苏村的陈才、陈福和良登村罗进、西城村游寿等9人，为了推翻清政府的腐败统治，毅然参加1911年4月的广州起义，惨遭镇压，壮烈牺牲，英魂永留黄花岗。日本侵华期间，上良村陈公侠义愤填膺，担任国民革命军第六十四军军长，参加武汉、粤北等会战，保家卫国，歼灭日军无数。中国第二机械工业部副部长周秩，早年是八路军第四野战军团政委，后来参加抗美援朝战争，是志愿军政治部秘书处处长，被授予上校军衔。

丹灶人不仅关心国运潜移，救亡救乱，还在各种社会事业上开拓创新，引领风气，促进社会发展。如孔边村方献夫与著名学者湛若水、霍韬一起开创西樵山的讲学之风。梅庄村冯成修在清中叶以理学大师的身份开创岭南一代学风，许多岭南著名学者都出自他的门下；其玄孙冯愿，又在民国初年顺应近代图书馆事业的发展，创立广东省图书馆。大果村杜定友，更是成为我国近代图书馆事业和近代图书馆学的奠基人之一，现在许多图书馆学章程都由他所定。良登村陈澹浦，制造了我国第一台机器缫丝机，其宗侄孙陈拔廷，也制造了我国第一台柴油机，大大改变了我国工业化发展的进程。下安村简浩然，著名的美籍华裔科学家，也是走在时代之先，是我国环境微生物学的奠基人，建立了"简浩然环境微生物学基金"，至今影响着我国环境微生物学的发展。高海村高卓雄，香港著名商界领袖，为了适应近代商业发展潮流，倡议改组中华总商会，并担任首届会长，大力促进香港商业的发展，中华人民共和国成立后受到毛泽东、周恩来等国家领导人的接见。

在地方建设方面，早在1929年，罗行墟就建成了当时南海县第一条地方墟市马路。1958年成立开诊的丹灶乡卫生院，是南海县第一所乡级卫生院。❶

由此可见，丹灶人的改革创新之路，前后一脉相承，涉及范围广泛，

---

❶ 南海市地方志编纂委员会编：《南海县志》第二卷《大事记》，中华书局2000年版，第39页。

上关国政，下关民生，大可改变国家命运，小可改变地方格局。可以说，丹灶的开拓性已形成了一种浓厚的社会风气，每个有成就的丹灶人都在各自的领域艰苦奋斗、发明创造，或者走在时代之先，或者紧随时代的步伐，以完成自己对于社会发展的各种使命。

总的来说，处在西北二江的水土交汇之南、位于西樵七十二峰的屏障之北的丹灶镇，既可以溯江而上，北通粤北、广西，东往佛山、广州、东莞、深圳、香港；又可以顺江而下，南通顺德、中山、澳门，直至珠江口，到达南海，走向东南亚，乃至全世界各地。丹灶镇自古以来就拥有非常优越的地理条件，为文化的发展提供了足够的土壤，在江河之滨形成了显著的"两江两涌"文化带，汇聚了丹灶镇境内的众多文物古迹、名人著作、非遗项目。并以此为中心辐射全境，在丘陵连绵的山窝深处同样积聚了深厚的文化底蕴，耀目四方。而且，丹灶文化注重传承，许多著名人物的出现都是家族内几代人悉心培育的必然结果，许多新兴区域、建筑、道路的命名都是对既往历史沿革的自觉遵循。丹灶文化还善于在传承中开拓创新，能够准确把握时代的脉搏，应社会之所需，急国家之所急，发明创造，改革维新，扶危救乱，引领风尚。

可以说，丹灶文化以西、北两江为源头，以西樵大山为依傍，以传承为保证，以创新为出路。因此，只要珠江之水奔流不息，丹灶文化必会源远流长；只要西樵之山屹立不倒，丹灶文化亦将高瞻远瞩；只要传承之绪不断，创新之念不减，丹灶文化势必更加辉煌！

目 录

第一章 两江汇聚第一洲 / 1

第一节 山水毓秀繁盛镇 / 1
1. 白坭文风冠三水 / 2
2. 九江西樵名声远 / 2
3. 龙江忠义儒林乡 / 4

第二节 五镇风土汇丹灶 / 5
1. 三水文苑的丹灶印记 / 6
2. 西樵胜迹的丹灶事业 / 7
3. 与九江、龙江的紧密往来 / 9

第二章 丹灶首得水土利 / 11

第一节 南沙涌东讲仁信 / 12
1. 清代书院宋代庙 / 13
2. 南沙新村有仁术 / 14
3. 信守承诺冲霞乡 / 16
4. 繁荣至今罗行墟 / 18

第二节　北江西岸传师道 / 20
    1. 进德修业先生路 / 20
    2. 独特的信仰塑造 / 22

第三节　南沙涌西风俗朴 / 24
    1. 勤俭有唐魏之风 / 24
    2. 文人辈出弦诵兴 / 25
    3. 五方杂处横江墟 / 30

第三章　河涌展布文明路 / 33

第一节　银河涌边启文明 / 34
    1. 石器时代足迹远 / 35
    2. 商代窑址耀千古 / 41
    3. 涌头涌尾互生辉 / 48

第二节　官山涌上炼丹心 / 49
    1. 峰峦水迤宜丹灶 / 50
    2. 登显要而修礼节 / 54
    3. 一段维新前往事 / 57

第四章　涌外不乏繁盛地 / 59

第一节　山岗深处有梅庄 / 59

第二节　盛极一时竹迳墟 / 61

第五章　延绵不息重传承 / 63

第一节　家族传承 / 64
    1. 孔边村方献夫家族 / 64
    2. 沙滘村何维柏家族 / 66

3. 梅庄村冯成修家族 / 68

　　4. 苏村康有为家族 / 70

　　5. 良登村陈澹浦家族 / 74

　　6. 苏村潘应元家族 / 75

第二节　非遗传承 / 76

　　1. 葛洪传说 / 76

　　2. 仙岗村烧番塔 / 78

　　3. 龙舟说唱 / 81

　　4. 南海竹编 / 83

　　5. 丹灶扒龙舟 / 85

　　6. 盲公话 / 88

　　7. 西联神诞 / 90

第三节　旧名传承 / 92

　　1. 地名传承 / 92

　　2. 路名传承 / 93

　　3. 桥名传承 / 94

第六章　引领风尚善开拓 / 96

第一节　个体创新 / 96

　　1. 维新救亡 / 97

　　2. 引领学风 / 100

　　3. 工商创新 / 104

　　4. 艺苑先驱 / 106

第二节　群体创新 / 107

　　1. 地方自治之始 / 107

　　2. 地方建设之先 / 110

第七章　丹灶文化新篇章 / 112

第一节　康有为文化节 / 113
第二节　文化建设与推广 / 117
1. 文化机构 / 117
2. 一岛两湖 / 118
3. 古村活化 / 122
4. 文化设施 / 123

第八章　丹灶文化述评 / 126

第一节　丹灶文化总特征 / 127
1. 两江文化带 / 128
2. 两涌文化带 / 129
3. 山岗文化区 / 131
4. 注重传承 / 131
5. 善于开创 / 133

第二节　丹灶文化前景 / 134
1. 需关注的问题 / 134
2. 未来发展方向 / 136

参考文献 / 138

后　记 / 146

第一章

两江汇聚第一洲

珠江主要由西江、北江、东江三江汇流而成。它的第一次汇流在佛山市三水区思贤滘，主要是西江部分江水向东汇入北江。两江在思贤滘汇流之后，西江往南经过三水、南海，在顺德区通过甘竹溪再次与北江汇合。西江、北江一北一南的两次汇流形成了一片广阔的土地，四面环水，形似一个巨大的沙洲，同受西北两江水土的滋养，地理位置十分特殊。自古都山水毓秀，商旅繁荣，文化鼎盛。

第一节 山水毓秀繁盛镇

西北两江首次汇聚的土地，起源于三水区思贤滘，汇合于顺德区甘竹溪。西北面为三水区的金本开发区和白坭镇，中间为南海区的丹灶、西樵、九江三镇，东南面为顺德区的龙江镇及勒流镇北一小部分。这一大片区域，自古都是珠三角的商旅繁盛之地。

1. 白坭文风冠三水

历史上的金本、白坭，是三水文风最盛的地方。明清时期，金本、白坭的进士、举人数量，占三水全区的大半以上，雄踞三水首位。2011年公布的三水区第一批55处优秀历史建筑当中，白坭镇就有29处，占全区总数的一半以上。可以说，白坭文化史就是半部三水文化史，白坭文化就是三水文化的精华浓缩。

金本、白坭的文化资源丰富，在樵北涌西岸的银洲村发现有贝丘遗址，表明该地新石器时期已经有人类活动。柏木塱村竹丝岗发掘了一座东汉前期古墓，出土一批珍贵文物，被定名为"三竹文物"。龙池村还保留有明代举人梁鹤鸣的后乐园和墓。梁鹤鸣墓至今仍保存完整，墓旁石雕也十分精美，是佛山市文物保护单位。北洋政府国务总理梁士诒的故乡岗头村，自古是一个文教兴盛之地，历史上至少出过六位进士。如今梁士诒的故居和墓还保留在村中，故居是佛山市重点文物保护单位，墓是广东省文物保护单位。另外，南岸村和角里村都是全国闻名的长寿村，这里走出的十多位百岁老人，见证着人类长寿的奇迹。

2. 九江西樵名声远

《南海县志》称："县属繁盛镇五：一佛山，二九江，三沙头，四官山，五大沥。"❶ 沙头属于九江镇，官山指的是西樵镇官山墟。如今的九江镇包括了清代南海的"沙头"和"九江"。也就是说，明清以来南海最繁盛的五个地方，九江、西樵两镇已经占了三个，超过了半数。这五分之三的繁盛之地，恰好就出现在西北两江汇聚的区域之内。

九江是南海历史上唯一设立主簿的地方，具有非常大的地方自治权。

---

❶ （清）郑荣修，桂坫纂：《(宣统)南海县志》卷二，见《广东历代方志集成·广州府部（一四）》，岭南美术出版社2007年版，第110页。

镇内商贾云集，经济繁荣，素有"小广州"之称。1926年曾经从南海县划出，设立省辖九江市。如今西樵镇朝山村、九江镇大谷村还有两栋"九江市奇珍店建筑"的洋楼，见证着九江市当年的显赫历史。九江还是儒林之乡，《南海九江乡志》称："九江为粤东南海属堡，乡曰儒林。"❶自古文教兴盛，至少出过37位进士，先后修过两部《九江乡志》。太平村进士朱九江以儒学大师称誉岭南，顺德状元梁耀枢、维新领袖康有为都是他的学生。位于村内的朱九江墓是佛山市文物保护单位。烟桥村是佛山市十大古村落之一，进士何文绮是越秀书院主讲，朱九江曾向他请教。何丹山是晚清岭南著名画家，尤善画花卉、翎毛，称绝一时。而九江特色非遗项目"数鱼花"，是在成千上万条看也看不清的鱼苗中数数，简直是一项绝活，令人叹为观止！

另外，沙头崔氏大宗祠（山南祠），始建于明代，因门楼如"五凤翘翼"，被民间称为五凤楼，是广东省文物保护单位。世老村是广东省卫生村，如今还保留有佛山"鸡、田、布、老"四大古老姓氏中的"老"氏，十分罕见。该村举人吴旦是明代嘉靖年间广东著名诗派"南园后五子"之一，其作品保留在《南园后五先生诗》之中，被广为传诵。村中还保存了一块光绪十八年（1892）《严禁当街搭盖》的石碑，村民多自觉遵守，形成了一种良好的自律之风。

广东省一东一西有两座历史名山。东为罗浮，又名东樵。与"东樵"相对，西面名山称为西樵。西樵山坐落在西樵镇，城区官山，是

图1.1 广东文物保护单位：沙头崔氏宗祠（五凤楼）

---

❶ （清）黎春曦纂：《南海九江乡志》卷一，见《中国地方志集成·乡镇志专辑31》，江苏古籍出版社1992年版，第219页。

樵山脚下沿官山涌而建的著名墟市。著名考古学家、北京人头盖骨的发现者贾兰坡曾经多次到西樵山考察，他指出：西樵山是中国新石器时代已知的最大的石器制造场。后来这里被命名为"西樵山遗址"，列入广东省第一批省级重点文物保护单位。明代嘉靖年间，武英殿大学士方献夫、礼部尚书霍韬、南京吏部尚书湛若水先后在西樵山开创四大书院，让西樵山声名远播，成为"天下之西樵"。如今西樵山已经是全国 5A 级景点，吸引着五湖四海的游人慕名而来游览观赏。西樵山不仅山上文化深厚，山下的文化同样精彩纷呈。西樵山北的松塘村是中国历史文化名村、广东十大最美古村落，因明清时期出过 4 位翰林，又称翰林村。该村进士区玉章曾任越秀书院院长，朱九江和康有为的祖父康赞修是他的学生。晚清著名的出洋五大臣之一绿涌村戴鸿慈，以军机大臣入参机要，是清代广东省籍任职最高的官员。还有中国第一位采用机器缫丝的民族资本家简村陈启沅、著名岭南武术传奇人物黄飞鸿；等等，都是西樵独领风骚的人物。近年来，西樵镇与中山大学组建岭南文化研究院，定期邀请名家开设三湖书院论坛。还整理、发行《西樵历史文化文献丛书》100 多种，开创南海区镇街发行文化丛书之先，让西樵的传统文化得到继承，当代文化得到发扬。

3. 龙江忠义儒林乡

俗语云："九江不认南，两龙不认顺。"意思是说，作为南海的一个地方，九江人出门在外只称九江而不称南海；作为顺德的一个地方，龙江、龙山人出门在外亦只称两龙而不称顺德。这表示九江、龙江、龙山经济发达，商旅繁荣，在外享有很高的知名度。对于龙江商旅繁荣、文化鼎盛的原因，古代龙江人已经看到："东、西二海，汇于勒楼之三合……为诸堡喉咽。民务农桑，逐商贾之利。仕者多矜名检，文物甲于一邑。"[1] 古代广府居民都把大江大河称作海，西海指的是西江，东海指

---

[1] （清）佚名纂：《龙江乡志》卷一《述典》，见《中国方志丛书》第五十一号，成文出版社 1967 年版，第 2 页。

的是北江。西、北两江在三水思贤滘第一次汇流，又在顺德勒流北部再次汇合，龙江正处其上，《龙江乡志》指出这是"诸堡喉咽"，同时得到了西、北两江的水土之利，所以地方兴旺发达，"文物甲于一邑"。可见，地理位置对于一个地方的经济、文化发展是多么的重要。因此，早在明朝正统十四年（1449），龙江乡由于抵御黄萧养进攻被赐封为"忠义乡"。后来又由于文教兴盛，出过50多位进士和武状元朱可贞，华西村陈邦彦是抗清英烈"岭南三忠"，其子陈恭尹又是著名的岭南诗歌三大家，因而又称为"儒林乡"。而且，龙江镇历史上总共修过龙江、龙山两种乡志，至今还保留有三个不同时代的版本，在广东乡志编纂史上绝无仅有。正因为成就斐然，龙江才有"不认顺"的底气。

图 1.2 《(民国)龙山乡志》书影

第二节　五镇风土汇丹灶

　　由西、北两江环绕汇聚而成的这片繁盛之地，虽然横跨了三大区，连贯六个镇，但是它们同饮两江水，同筑桑园围，所谓"我住长江头，君住长江尾"，彼此之间的交往十分密切。这种密切关系尤其体现在与丹灶的往来之上。

1. 三水文苑的丹灶印记

白坭镇可以说是三水文苑，是三水区历史上文风最盛的地方。其实，这个文苑也曾流传过葛仙故事。在丹灶镇西边界樵北涌对岸大尧山上曾经有一口"葛仙井"，相传葛仙曾在此炼丹洗药。康有为高祖康辉曾经写有《偕友游尧山访葛稚川洗药处》诗，康有为亦自称小时候曾经游览过："大尧山在郁水西，自吾银塘乡往游二十里，为少曾游焉。"❶ 关于这位"葛仙"，《（康熙）三水县志》卷四称："相传葛稚川洗药于此，亦名葛仙井。"❷ 葛稚川也就是葛洪。但是《（嘉庆）三水县志》卷十六又称："葛仙，即葛庚，变姓名为白玉蟾。……尝至云谷泉炼丹洗药，故其泉因号葛仙泉。"❸ 白玉蟾，原名葛长庚，《三水县志》脱一字，是南宋著名道士和诗人，与葛洪生活的晋代相距有千年之久。也就是说，历代《三水县志》各有各的说法，并不能确定葛仙是谁。如今白坭镇与丹灶镇的西边界上有一个叫作灶头村的地方，《三水县地名志》称"传说曾有仙人在附近岗上设炼丹炉灶"。❹ 白坭镇之所以叫作白坭，据说明代创建时发现附近出产陶土。❺ 陶土能为炼丹提供丰富的矿物质，让设灶炼丹成为可能。但是，白坭之所以叫作坭而不叫作灶，应该与提供炼丹原材料的角色有关。因此，我们可以这样理解，葛洪当年有可能就是在白坭取砂洗药，而在丹灶正式设灶炼丹。

与丹灶镇只有一条樵北涌之隔的清塘村，建有文昌庙，据《三水县志》记载，明代丹灶人南京礼部尚书何维柏曾经在这里读书。庙里有清

---

❶（清）康辉：《留芳集》，见《不忍杂志汇编二》，广西师范大学出版社2014年版，第546页。
❷（清）郑玫纂修：《（康熙）三水县志》卷四，见广东省地方史志办公室辑《广东历代方志集成·广州府部（四〇）》，岭南美术出版社2009年版，第261页。
❸（清）李友容修，邓云龙纂：《（嘉庆）三水县志》卷十六，见广东省地方史志办公室辑《广东历代方志集成·广州府部（四〇）》，岭南美术出版社2009年版，第765页。
❹ 广东省三水县地名委员会编：《三水县地名志》，广东高等教育出版社1988年版，第155页。
❺《三水县地名志》："据传明代中叶建圩时，因附近出产白陶土，故名白坭圩。"第149页。

塘村举人陆宣写的碑记，金沙北帝庙现龙堂的《重修记》也是他在天顺五年（1461）所写。在樵北涌上有一条横跨东西的石顶桥，是通往丹灶镇仙岗村的最便捷通道。古代许多白坭学子就是通过这座桥前往南海县学习的，因此又称清塘文桥。护栏上刻有"光绪辛卯仲冬易石"8个字，至今还保存完好。清塘村东北面接近金竹村与丹灶交接处有清塘墟，是金竹村民与丹灶仙岗村民所开创的。墟上设有清塘汛，是三水、南海两地重要的贸易场所。后来因金竹、仙岗两村争夺墟市管理权，以致发生械斗被毁。此外，康有为十大弟子之一徐勤，就是白坭镇庙岗村人。岗头村举人梁知鉴，当年就在北京积极响应康有为的公车上书。清塘村的近代民主革命家、孙中山的忠实追随者邓慕韩，一直保存有孙中山三民主义演讲手订记录稿，抗日期间就曾藏在丹灶镇石涌村张某家中，直到1943年才由专机护送至重庆。❶白坭与丹灶的关系，自古以来就是密不可分。

2.西樵胜迹的丹灶事业

西樵与丹灶陆路相通，上林村南面有个建于咸丰五年（1855）的"樵岭南来第一门"牌坊，就是当年西樵北上丹灶的主要通道。水路相连，丹灶境内的官山涌各主流支流及南沙涌，都可以坐船南下西樵。康有为《述德诗五十首》称自己家乡"苏村在西樵山北三十里"，❷天气晴朗时可以在村南天后宫遥望西樵山，可以从银河码头直达西樵山脚。

西樵山的名气也得益于丹灶人的精心营造。明代福建学者陈第《游西樵记》指出："西樵故未有称，自霍文敏韬、方文襄献夫、湛文简若水，

---

❶ 三水县地方志编纂委员会编：《三水县志》，广东人民出版社1995年版，第1336页。
❷ （清）康有为：《述德诗》五十首，见姜义华、张荣华编校《康有为全集》第十二册，中国人民大学出版社2007年版，第294页。

图1.3　西樵山三湖书院

卜隐其间，遂名闻天下，与罗浮埒。"❶湛若水、方献夫、霍韬先后在西樵山建有大科书院、石泉书院、四峰书院、云谷书院。方献夫的石泉书院遗址在现在的天湖东面，当时建有御书楼，天湖之上有天湖亭，修筑著名的登山百步梯等，西樵山北片的广阔区域都在他的经营范围之内。现在西樵镇的市级非遗项目西樵大饼，相传也是方献夫发明的。后来许多丹灶人都去西樵山读书、教学，比如南京礼部尚书何维柏、维新领袖康有为等。尤其是康有为，他在西樵山白云洞三湖书院读书时结识了翰林院编修张鼎华，让康有为"尽知京朝风气，近时人才及各种新书，道、咸、同三朝掌故"，❷极大地开阔了康有为的眼界。后来，沙水村翰林刘廷镜主讲三湖书院，并倡议对堂舍进行修葺。至于松塘村进士区玉章，则是康有为的祖父康赞修、老师朱九江在越秀书院肄业的老师，进士区谔良则是与康有为共同创办不裹足会的倡议人。军机大臣戴鸿慈是丹灶镇西城进士游显廷的学生，而丹灶镇梅庄村举人冯愿（省图创办人）又是戴鸿慈的学生。民族资本家陈启沅使用的中国第一台机械缫丝机就是丹灶镇良登村陈澹浦制造的。西樵山的胜迹和名气离不开丹灶人的经营，西樵人的事业也少不了丹灶人的参与，两地互相促进、互相依存，共同创造着许多惊世之举。

---

❶（清）金云铭编：《陈第年谱》"万历二十六年戊戌五十八岁"，十一月陈第"与霍茂等（霍韬孙）游西樵"，写下《游西樵记》，见福建协和大学中国文化研究会《文史丛刊》之四，1945年，第65页。

❷《我史》"光绪五年己卯二十二岁"，见姜义华、张荣华编校《康有为全集》第五册，中国人民大学出版社2007年版，第62页。

3. 与九江、龙江的紧密往来

丹灶距离九江和龙江相对较远，但是它们之间仍有不少往来。它们之间的关系，最主要体现在教学师承上。九江烟桥村进士何文绮，是丹灶镇梅庄村进士冯成修的再传弟子，康有为指出："何先生受学劳莪野先生，劳先生受学冯潜斋先生。"❶ 潜斋是冯成修的号，莪野是劳潼的号，他继承了冯成修的衣钵，编有《冯潜斋先生年谱》，何文绮是他的学生。而丹灶苏村举人康赞修（康有为祖父）、康道修（康有为伯父）、康国熺（康有为伯父）、荷村进士徐台英、梅庄举人冯湘（冯成修族子），又都是何文绮的学生。至于把康有为引进贤圣之道的朱九江，则是苏村康家三代世交、两代严师，为康家培养了五位子孙。康有为的祖父康赞修是朱九江在越秀书院的同学，康赞修兄弟康国熺、康学修、康国器都与朱九江有所交往。康有为的父亲康达初、叔父康达节（康国熺子）、伯父康达棻（康道修子），从兄康有霖（康达节子）及康有为本人，都是朱九江的学生。可以说，苏村康家的学业基本都在朱九江门下完成。另外，徐台英（号佩韦）是朱九江的患难之交，朱九江与他多有诗歌酬唱（如《梦读佩韦近稿即寄怀落第南还二首》）。后来朱九江来到南沙新村坐馆授徒，多少与徐台英有关。

至于龙江，早在乾隆五十二年（1787），就有龙江著名诗人"岭南三子"之一的张锦芳为金沙良溪社学题额。晚清年间，著名的近代广东军工业创始人温子绍就是龙江人，他曾经在陈澹浦的"联泰号"试制成功仿制的后膛七响连环快枪。民国初年，龙江人薛广森与丹灶人陈拔廷合股经营协同和机器厂，生产出我国第一台柴油机，取得了辉煌的成就。这些都是丹灶、龙江两镇先贤互相合作的结果。

由此可以看出，由西、北两江汇流环绕而成的区域是一片神奇的土地，由南而北，贯穿三区六镇，汇聚着南海五分之三的繁盛，享有忠义

---

❶ （清）康有为：《述德诗》五十首，见姜义华、张荣华编校《康有为全集》第十二册，中国人民大学出版社 2007 年版，第 295 页。

儒林乡的美称，拥有三水过半数的名人古迹，造就了明清两朝广东省最高官职的大臣，培养出著名的维新领袖，创造出多个业界第一，对中国社会的发展具有非常深远的影响。

  丹灶镇恰好处在这个神奇区域的东北面，最先受到西、北两江的汇流之利，上通而下聚，左贯而右通，地理位置十分优越。而且，区域内的其他区、镇都与丹灶存在着千丝万缕的关系，或者师承相授，或者栖居创业，都在互相往来中共同促进社会文化事业的发展。

第二章

丹灶首得水土利

丹灶地处珠江三角洲的起点，在珠江两大主流西江与北江首次交汇的"思贤滘"之下不远。溯北江而上，可到达三水、清远、英德、韶关；溯西江而上，可到达肇庆、梧州、桂平；溯西南涌而东，可到达盐步、广州、番禺、东莞；溯东平水道，南可达西樵、九江、顺德、中山、珠海，东可达南庄、佛山、平州、广州。西、北两江交汇后，河水首先流入的是丹灶，《九江儒林乡志》称："西、北二江夹拥而下丹灶。"[1]地理位置最为特殊：西为南沙涌，东南为东平水道（汇流后的北江），贯穿丹灶全境。两江交汇处水流湍急，泥沙上涌，河水黄浊，不利于休养生息。而丹灶在思贤滘下而不是正在其中，激荡的河水经过几公里的流淌之后渐趋平缓，上浮的泥沙亦逐渐沉积澄澈，滋养着丹灶广阔的沃土良田，丹灶也因此成为西、北汇流的最先受益地。自古渔耕、商业都十分发达，经济、社会格外繁荣。

---

[1] （清）冯栻宗，黎璿纂：《九江儒林乡志》卷二十一《杂录下》，见《中国地方志集成·乡镇志专辑31》，江苏古籍出版社1992年版，第666页。

因此，在水路四通八达、水土沉积肥沃的南沙涌两岸、北江西岸形成了一系列的繁盛墟市，产生了许多名胜古迹，走出了众多著名人物，留下了大量历史文献，俨然是丹灶文化的密集发展带。

图 2.1　西北两江交汇下的丹灶

第一节　南沙涌东讲仁信

南沙涌东岸，即金沙西片沿江地区。宋代出现的建筑有知府桥、北帝庙（现龙堂），清代书院有登俊书院，社学有登俊社学、兴仁社学、良溪社学，文阁有南沙新村文阁、上沥村文昌阁，墟市有里南墟、罗行墟、里门市、白庙墟。古建筑群有南海十大古村落南沙新村（棋盘村），佛山市文物保护单位有南沙新村陈氏宗祠、西联社区五甲村恒德徐公祠，佛山非物质文化遗产有南海竹编，南海区非物质文化遗产有西联神诞。著名人物有上良村抗日军长陈公侠，八甲村粤剧四大平喉徐柳仙，海口村公车上书参与者麦秩严进士，高海村中华总商会首任会长高卓雄。现存碑刻有明天顺五年《现龙堂重修记略》《冲霞南乡基务事例》。

1. 清代书院宋代庙

据《南海县志》记载，南宋绍兴年间（1131—1162），湖广黄州府知府麦贞在上沥村（金沙西南部，罗行墟南面不远）的东北面建有知府桥，❶这是丹灶境内记载最早的桥，清朝同治年间（1862—1874）仍在。在茅洲乡（现在西联社区）宋代已经建有北帝庙"现龙堂"，现在《南海县志》还保留了明代天顺五年（1461）三水白坭镇清塘村举人陆宣的《重修记》，称元朝末年龙潭强盗（现顺德区杏坛镇龙潭村，在西、北两江交汇下不远），驾驶着有81把船桨的大船前来侵犯。乡民急忙向北帝祈祷求救，突然有黑色的大军旗在古榕顶飘起，强盗以为有兵镇守，纷纷逃跑。乡民重获平安，认为是北帝显灵，护佑世人，因此更加信奉，加以重建。❷这个北帝抗敌的故事，与佛山祖庙北帝帮助民众抵御黄萧养攻打的故事有些相似，在文俗研究上具有一定的参考价值。

建于雍正九年（1731）的登俊书院原在沙边村南边，同治十一年（1872）往北迁至梁村的南面，亦即抗日军长陈公侠的家乡。登俊书院的制度比较完善，经常举行文课、小试，亦根据需要举行宾兴之礼。乡民也很重视书院的发展，嘉庆二十三年（1818）里人陈圮倡议措置学田二顷，作为文课、公车等经费，对于当地的人才培养起到非常大的作用。可惜书院现已不存。现在还保留后两进建筑的兴仁社学，坐落在著名的罗行墟南部。坐东向西，人字山墙，面向南沙涌东岸的滩涂码头。光绪

---

❶ （清）郑梦玉等修，梁绍敏等纂:《(同治)南海县志》卷五《建置略二》，见《广东历代方志集成·广州府部（一一）》，岭南美术出版社2007年版，第489页。

❷ （清）潘尚辑修，邓士宪等纂:《(道光)南海县志》卷十一《建置略四》，见《广东历代方志集成·广州府部（一三）》，岭南美术出版社2007年版，第271页。

庚子年（1900），沙水村翰林刘廷镜与罗行十四乡绅耆倡办联防普安局，借用兴仁社学作为办事处，以保卫地方安全；1904年重修之后改为学堂，后来因为经费不足停办，校舍沦为厂房。据当地老人介绍，社学本为三进，现存后两进；大门前面立有许多旗杆夹石，后被毁。如今兴仁社学的青墙灰瓦越发斑白，屋顶的野草时不时随风摇曳，与荡漾的涌水共同诉说着曾经的兴盛和辉煌。此外，罗行墟南面良溪乡，还有建于乾隆五十二年（1787）良溪社学，匾额是由清代顺德著名诗人"岭南三子"之一的张锦芳写的。可见，南沙涌东岸不仅文教兴盛，重视书院、社学的建设，还吸引了不少著名人物的驻足流连。

2. 南沙新村有仁术

历史上不仅三水名人陆宣、顺德著名诗人张锦芳来过丹灶，晚清著名岭南大儒朱九江还曾经在南沙新村坐馆授徒。

南沙新村位于大洲沙最北端，刚好是南沙涌和北江（东平水道）的分流处。如果把大沙洲比喻为一叶扁舟，那么南沙新村就是柳叶舟头，日夜迎接着川流不息的水流。村北的洲头之上曾经建有文塔，照耀着南沙新村的仕途文脉。现存建于清朝中后期的岭南传统"三间两廊"民居多达42座，一律为龙船脊，人字山墙，青砖灰瓦，由西往东，从村前井然延伸至村尾。经纬布局，泾渭分明，宛如棋盘，故南沙新村又有"棋盘村"之称，被评为"南海十大古村落""广东省历史文化名村"。目前佛山市少见的三间五进祠堂"陈氏宗祠"，镶嵌在棋盘之南，坐东向西，

图2.2 南沙新村古建筑群

有统领全村之势。由于独具特色，保留完好，被评为佛山市文物保护单位。

岭南大儒朱九江在考中进士之前，曾于道光二十二年至二十三年（1842—1843）在南沙新村坐馆授徒，"学子百辈"。当时为学子写下"处子耿介，守身如玉；谷暗兰薰，芳菲自远"❶的诫勉之语，学子们纷纷奉为名言，终身遵守。南沙新村远离都市，有人劝朱九江离开去更好的地方。朱九江笑而不答，在写给家人的信《癸卯在南沙陈氏宾馆有劝以迁教都会者因布家人书》中以范仲淹"先天下之忧而忧，后天下之乐而乐"自勉，说自己"辞富居贫"，为的是让自己能够在悠游的环境下增进学业，为将来更高的事业积聚力量。并写下"我辈常人，分阴当惜。儒者所耻，一物不知"❷作为座右铭自勉。果然，朱九江在四年后（道光二十七年）考上了进士，实现了他在南沙新村授徒时立下的宏愿。

因此，当朱九江辞官归里，讲学九江礼山草堂的时候，他就以曾经在南沙新村的所见所闻教育学子："予昔居南沙陈氏宾馆，其主人今所称扫地北也。予闻诸徐佩韦之尊甫曰：北少贫，为扫地佣。既而市利，家少有，厚怀其弟妻子，一布一粟，兄与弟平。"徐佩韦，就是荷村进士徐台英，朱九江的患难之交。南沙新村发家之祖陈北（扫地北）的故事就是他告诉朱九江的。扫地北发家致富之后，全部家产都与弟弟平分。但是弟弟不知艰难，日日游手好闲，扫地北的妻子对此很有意见。其实扫地北也知道弟弟的所作所为，但是为了维护家庭和睦，扫地北假装对妻子说："你有所不知啦！我样貌似穷人，但是我弟弟貌似富商。我以弟弟的名义做生意，获得的利润比以前多三倍。若以我的名义，早就亏本了。你现在所吃所穿，都是托我弟的福才有的啊！"从此之后，扫地北的妻子对小叔非常好，扫地北的家产也越来越多。最后朱九江评价说：

---

❶ 《朱九江先生集》卷首《年谱》道光二十二年（1842）三十六岁，见《广州大典》第462册，广州出版社2015年版，第674页。
❷ 《朱九江先生集》卷七《癸卯在南沙陈氏宾馆有劝以迁教都会者因布家人书》，见《广州大典》第462册，广州出版社2015年版，第732页。

"扫地北一市耳，不爱千金而爱其弟，又能使家人之相爱也。孟子曰：是乃仁术也。"❶ 扫地北只不过是一个市井商人，但是有钱之后能够跟弟弟平分钱财，又能使妻子、弟弟和睦相处，他的做法就是孟子所讲的"仁术"啊！可见，在南沙新村坐馆授徒是朱九江人生中一个非常重要的经历，对他未来的人生之路有着重大影响。而朱九江的这种经验总结，最后由康有为所继承，并发扬光大，让更多人受益。亦由此可知，扫地工人也可以发家致富，发家致富之后一定要关怀妻子、友爱兄弟。扫地北就是"富而好仁"的典型例子，值得我们好好学习和体味。

3. 信守承诺冲霞乡

历史上的冲霞乡是一个比较大的区域，《南海县志》指出，"冲霞分南、北二乡……地最广，南北约十余里"，❷ 相当于现在金沙西南部的大部分地区，亦即包括罗行墟在内的罗行墟南南北北的十多条村庄。如今在罗行墟北面的海口麦家保留有一个"霞北康衢"的门楼，在罗行墟南面的西村尾亦有一块"霞南大道"的匾额，还可以借此分辨出冲霞北乡和冲霞南乡的大概位置。冲霞北乡的海口村就是光绪二十五年（1899）进士麦秩严的家乡；戊戌变法期间，他居住在北京南海会馆，后来他的子女也在南海会馆居住了很长一段时间。如今南海会馆复建在丹灶康园之内，很多地方都借助了他后人对南海会馆格局的回忆才得以复原。

冲霞南乡所在地西村尾，是一个典型的岭南传统乡村，从村中旧屋地基保留的红砂岩可以看出，建村应该在明代或者之前。一条南北向的石板路似蛇形般从村头蜿蜒至村尾，左右为东巷、西巷，与石板路对接。北面村头入口处建有"龙门"门楼，一棵4人合围的古树守护在门楼外。

---

❶ 《朱九江先生集》卷首《年谱》咸丰八年（1858）五十二岁，见《广州大典》第462册，广州出版社2015年版，第685页。

❷ （清）郑荣修，桂坫纂：《(宣统)南海县志》卷三，见《广东历代方志集成·广州府部（一四）》，岭南美术出版社2007年版，第132页。

南面村尾出口处建有社稷，旁有古榕垂荫，"霞南大道"的匾额就镶嵌在旁边的墙壁上。南面村外是一条修竹苍翠的碎石泥路，大约300米远处有三界庙，庙外是广袤的农田。村中有一块立于光绪二十年（1894）的《冲霞南乡基务事例》，如今只剩下一小角不到10个字。而下滘村则完整保留了另一块内容一样的石碑，据此可知石碑主要内容是对卖出别乡的田地补交基围维护费的规定："兹我霞南乡清查田亩，计卖出别乡五十余石，爰集乡定立章程：凡从前售别乡者，每斗预收补回基费七钱二分，限甲午正月止。"体现了冲霞南乡对堤围维护的重视，以及办事公开、收费有据的时代精神。

图2.3　西村尾石板街

著名岭南医学大师、乾隆进士何梦瑶记载了一个关于冲霞乡（现在具体地点有待考证）麦宣奕"终不负约、遂成巨富"的故事：麦宣奕在外地遇到同县的陈某，一起喝酒、唱歌，十分投契。当时两人的妻子都有了身孕，于是指腹为婚。后来陈氏生子，麦宣奕生女。麦宣奕女儿18岁时，他妻子说可以为女儿配婚了。麦宣奕说已经许配给陈某儿子。当时由于喝醉酒，已经不记得陈氏的名字和住处，只记得某村人认识他。于是在某人的带领下来到陈家。只见门户改观，已经不是陈姓居住，这时才知道陈某已死，家道中落，他儿子投靠姑姑去了。于是去他姑姑家找他，又没找到。他姑姑说自己也无力抚养他，为了生计，他几年前去了省城当丝织业学徒，之后就没有回来过，也不知道他在哪个作坊。麦宣奕无可奈何，只好去省城逐间作坊地找，终于在某间作坊找到了陈某的儿子，把女儿许配给他。他女儿十分贤淑，用自己的嫁妆帮助丈夫做生意，"遂成巨富"，❶传为一时佳话。孔子曾经说过"人而无信，不知其可"。信守承诺是做人的最基本要求，如果言而无信，那就别指望他能够有什么成就，可以为社会做出什么好事了。冲霞乡麦宣奕的做法就充分地为我们演绎了"诚信"的丰富内涵，因此受到何梦瑶的赞许，把他写入自己的著作《菊芳园文集》当中，向世人展示"诚信"的价值。

4. 繁荣至今罗行墟

罗行墟位于冲霞乡的中部，"康熙二十七年（1688），冲霞暨沿海各乡何、黄等各姓同建"。❷"分上、中、下三处，上墟皆民居，中、下墟店铺相连，约二百余家。墟内以织造、竹货为大宗。"❸是金沙历史上最兴旺的墟市，也是最大的居民聚居点。不仅附近的居民会来到这里进行交易、消费，西江、北江沿岸的四会、怀集、广宁、佛冈等地的居民也会沿江而下，来到这里从事各种生意。一般来说，新兴、四会人来开茶楼、做木工，广宁人来做理发，佛冈人来打铁，怀集人来卖竹。南沙涌东岸是一大片滩涂，作为码头之用，十分利于竹料的卸载。沿岸是成片的竹器加工场，房屋窄窄长长，一间挨着一间，颇富特色。为了竹器运输方便，罗行墟在中华人民共和国成立前一直处在鼎安围的堤围外，每当夏秋之际必然受到水浸影响。因此，罗行墟的所有建筑几乎都会在二楼留有"走水窗"，高高窄窄，可供一人通过，以便水浸时可以进出。这是罗行墟建筑的最大特色。

墟上有卖米街、竹器街、绸缎街、豆腐街，每个街口皆有炮楼镇守。

---

❶（清）戴肇辰修，史澄纂：《（光绪）广州府志》卷一百六十二《杂录三》，见广东省地方史志办公室辑《广东历代方志集成·广州府部（六）》，岭南美术出版社2007年版，第2555页。

❷（清）郑梦玉等修，梁绍敏等纂：《（同治）南海县志》卷五《建置略二》，见《广东历代方志集成·广州府部（一一）》，岭南美术出版社2007年版，第491页。

❸（清）郑荣修，桂坫纂：《（宣统）南海县志》卷六《建置略》，见《广东历代方志集成·广州府部（一四）》，岭南美术出版社2007年版，第196页。

最主要的南北大道后来改称中山街，是全墟最兴旺的地方。光绪八年（1882）建有十股公所，订立竹器行规，限制各股生产的竹器种类，不能越界。同时为了调节纷争而建有公约，为了安顿各路商人而建有竹馆，为了培养人才而建有社学，可谓盛极一时。罗行在民国初期组织过商会，在广东省商会中具有一定影响力。在1928年9月召开的"粤全省商会代表会"上，罗行商会与广州总商会、汕头总商会等一起参加了会议，并提出了"请组织国货银行案"，❶显示出罗行商会对支持国货、发展本土银行业的关注。

旧时珠江三角洲一带的工农产品几乎都使用箩筐装载运输，占了珠三角竹器生产很大比例的罗行竹器，在近代珠三角运输业方面具有十分重要的位置。但是，由于现代塑料工艺、轻便钢铁等材料的出现，以及竹器制作辛苦，毛刺容易损伤手脚，价格便宜利润少等原因，逐渐导致了罗行竹器的衰落。如今罗行竹器的精湛手艺，逐渐转化为工艺品制作，并已成为佛山市非物质文化遗产，以另一种更富艺术的形式流传在人们心中。

另外，罗行墟既是竹货集散地，也是各地走难民众的避难场所。从前中山下街

图2.4　罗行墟竹编艺人

市场内有一块开阔场地，从各方走难而来的老幼贫弱之人都会聚集在这里等待救济，或者等好心人收养。如果救济不及时，或者当地居民实在无力施救时，就会纷纷客死他乡，梦断罗行。因此，罗行墟建有善堂，还建有丹灶历史上最早的基督教福音堂，至今还在使用。这些，无不体现着罗行在经济发展之后，始终没有忘记对社会责任的担当。

---

❶　《申报》民国十七年九月十六日（1928年9月16日）第19937号（上海版）。

第二节　北江西岸传师道

北江西岸，即金沙东片沿江地区。明代出现的古迹有石桥村庞尚鹏庞君祠、瓣香园、竹筌馆，上滘梁家村先生桥（断恩桥）、先生路，下滘村下滘社学。清代有西岸村西溪书院，三滘社学，南沙村文阁，郭家大藤社，石桥村节孝牌坊，陆洲村富安墟。佛山市文物保护单位有水口村吴氏大宗祠，南海区不可移动文物有北李村李氏宗祠。著名人物有陆洲村进士陆乃棠，南沙村五金产业先行者徐才，下安简家村我国环境微生物学奠基人简浩然。现存碑刻有洲头村万历十五年《太尉庙钟款》。现存族谱有西岸《何氏族谱》。

1. 进德修业先生路

上滘梁家村（现在金沙大桥南面旁边）现存一块刻有"先生古道"四个字的石碑，上称"同治甲戌（1874）孟春重修，天启门人礼部尚书何维椅、柏建立"。在《（同治）南海县志》卷一《图》中，确实在上滘村标有一条东西走向的"先生路"。[1]可见"先生路"的存在已经有很长的时间。《南海县志》没有对先生路做出解释，反而解释了"先生桥"："明尚书何维椅、何维柏为业师上滘副贡梁纪建。"[2]何维柏、何维椅是明代沙滘村的进士兄弟，何维柏官至南京礼部尚书，是明代嘉靖年间的大忠臣，《明史》卷二百十有传。据石碑和《南海县志》，先生路和先生桥就是他们兄弟为自己的老师上滘村梁纪建的（该村乡民称是梁真，与《南海县志》记载不同）。先生桥又叫作断恩桥，相传如果有人把离婚书放在桥上，桥就会立刻出现裂痕。[3]现在该村已经没有人知道先生桥，

---

[1] （清）郑梦玉等修，梁绍敏等纂：《（同治）南海县志》卷二《图》，见《广东历代方志集成·广州府部（一一）》，岭南美术出版社2007年版，第446页。

[2] （清）潘尚辑修，邓士宪等纂：《（道光）南海县志》卷十三《建置略五》，见《广东历代方志集成·广州府部（一三）》，岭南美术出版社2007年版，第285页。

[3] （清）郑梦玉等修，梁绍敏等纂：《（同治）南海县志》卷五《建置略二》，见《广东历代方志集成·广州府部（一一）》，岭南美术出版社2007年版，第489页。

根据地理位置推测，先生桥有可能是当年先生路的一部分。先生古道现在是上滘梁家村的一个著名景点，"一门两进士，七日修石道"，村民至今还津津乐道，因此把该村改称"青云村"，以纪念先贤，激励后进。

图2.5 先生古道牌坊

实际上，关于先生古道的记载存在很多问题。石碑称建立于"天启"年间，但是何维柏、何维椅俩兄弟早在明代万历年间已经去世，不可能在天启年间修路。而且何维柏是兄，何维椅是弟，古代尊卑长幼分得很清楚，弟弟的名字绝不可能排在哥哥之上。更何况礼部尚书是何维柏的官职，何维椅只做过礼部祠祭司主政，说"礼部尚书何维椅"就错了。因此，先生古道说是何维柏、何维椅兄弟建的，应该是托名之作，并不是真有其事。

但是，明代的确有一位著名人物到过梁家村旁的石桥村读书，他就是明代著名学者、政治家庞尚鹏。庞尚鹏，字少南，南海区桂城街道叠滘村人，嘉靖三十二年（1553）进士，官至福建巡抚，他大力推行一条鞭法的税制改革，对明代社会有重要影响。卒谥"惠敏"。《明史》卷二百二十七有传。他所著的《庞氏家训》是中华优秀传统家训，至今保存了下来，被收录于各种中国家训精华的书中。《南海县志》称："明敏惠公庞尚鹏尝读书于上围堡石桥，素精青乌术，谓其地宜建社，乡人从之，因名曰'庞君社'。旁有瓣香园、竹筌馆等诸胜，迄今为乡中名流觞咏之地。"[1]青乌术就是风水堪舆术。社就是社稷。庞尚鹏当年在石桥村读书的时候认为这个地方很适合建立社稷，村民因此建造了"庞君社"。庞君社的旁边后来还建有瓣香园、竹筌馆等名胜，直到清代同治年间仍然是乡中名流的雅集聚会之所，对当地影响很大。

---

[1] （清）郑梦玉等修，梁绍敏等纂：《（同治）南海县志》卷五《建置略二》，见《广东历代方志集成·广州府部（一一）》，岭南美术出版社2007年版，第485页。"惠敏"原文误作"敏惠"。

另据梁家村长老介绍，先生古道所在的位置之前并不只属于梁家村，而是与石桥村共用的。只是在方向上更偏向于梁家村一些，因此被认为是梁家村所独有。而且，石桥村的"石桥"是否指的就是《南海县志》记载的先生桥（断恩桥），因此村名"石桥"，也不是没有可能。

总而言之，不管"先生古道"是否真的是何维柏、何维椅所建，先生古道的所在地确实有明代著名学者庞尚鹏来读过书，并留下了一系列古迹，成为当地的雅集吟咏之地，影响着当地的文化发展。后来，这里也由此而逐渐形成了一种尊师重道的风气，激励着周边地区的学子勤奋学习，积极向上。

2. 独特的信仰塑造

广东的乡村几乎每一个地方都有自己建庙崇拜的对象，内河区域多建有北帝庙崇拜北帝，如佛山祖庙；滨海地区多建有天后庙崇拜妈祖，如广州市南沙区妈阁庙。常见的还有三忠庙、康公庙、观音庙、文武庙、关帝庙、华光庙、龙母庙，等等。他们信仰的这些人物或者对象一般都具有广泛的信众基础，并不只是单独某个地方出现，而是在广阔的区域内众所周知的。然而，在金沙的新安（原来上滘乡），他们崇拜的对象就是他们曾经的村民——李九，一个十分淘气而又神奇的少年。据说他能倒拔榕树，能剪草变鱼虾，等等。李九13岁就溺亡，尸体漂到之处都会兴旺发达。因此村民把他厚葬，建庙拜祭，并把他的罹难日作为神诞。如今上滘村还保留有九相公祖庙和九相公庙，每逢佳节，拜祭的香火不断。新安的这种李九信仰与北帝、康公、观音等外来的神通广大的神化对象不同，人物是他们本村的，信仰是村民塑造的。可以说是就地取材、用自己塑造的神保佑自己的村民，具有非常明显的文化独创性。或者说，这是一种标新立异，不想受到现行秩序的约束，用自己所想到的方式打破原来的局面，以获取最大的利益。

新安北面的郭家村上安社区则有一个十分特别的大藤社，据《南海县志》记载，大藤"相传康熙间植"，"藤蟠屈作龙形，身大如斗"，[1]现

---

[1]（清）郑梦玉等修，梁绍敏等纂：《（同治）南海县志》卷五《建置略二》，见《广东历代方志集成·广州府部（一一）》，岭南美术出版社2007年版，第485页。

在还依然顽强地攀爬在旁边的古榕上,十分罕见。因此,在大藤旁边慢慢地形成了拜祭之所"大藤社",成为村民祈求遂心如意、家宅平安的地方;围绕大藤社,民间还衍生出了许多传说故事。如今,大藤社的南边开辟了大藤社公园,可供村民歇息消遣。

图2.6 上安大藤社

郭家村再往北是洲头村,洲头村北与南沙村交界处曾经建有一座文塔,文塔下面在明代建有太尉庙,《南海县志》还收录了刻于明代万历十五年(1587)的《太尉庙钟款》:"南海县黄□□登俊堡□洲头乡众信等共施洪钟一口,重壹百余斛,在于太尉庙炉前,永充供奉,祈保各家清吉,福寿悠长,用为长久。"❶ 遥想当年,在文笔塔影下聆听着深沉而又悠长的钟声,会是怎样的一种视听享受?可惜如今庙已不存,钟已朽坏,只留下《南海县志》当中的《太尉庙钟款》可供后人缅怀。

明代的北江西岸已经颇有规模,沿岸有大湾渡、上滘渡、下滘渡、西岸上下渡、白庙上下渡。到了清代还发展出佛山渡和省城渡,码头分乡埠和省埠,交通十分便利。明代已经建有下滘社学,清代又增建西溪书院。晚清进士陆乃棠的家乡陆洲村还建有富安墟。当年庞尚鹏之所以来到这里读书,万历十五年的《太尉庙钟款》之所以被《南海县志》收录,李九相公的信仰之所以能够形成,其实与这里的地理、经济、文化环境是分不开的。

---

❶ (清)潘尚楫修,邓士宪等纂:《(道光)南海县志》卷三十《金石略四》,见《广东历代方志集成·广州府部(一三)》,岭南美术出版社2007年版,第585页。

第三节　南沙涌西风俗朴

南沙涌西岸，元代已有横江渡。明代有沙滘村南京礼部尚书何维柏建的大小宗祠。清代有上林村云鼎书院、樵岭南来第一门，沙滘村北登云社学。墟市有横江墟、朋久墟、沙滘墟。佛山市文物保护单位有沙水村翰林埠头，南海区不可移动文物单位有沙水村白银窦，特色文物有徐边村无辜受害死难贫下中农纪念碑。著名人物有沙滘村何维柏、何维椅进士兄弟，荷村清官徐台英，李边村进士李应鸿、文献学家李宗颢，沙水村翰林父子刘廷镜、刘国珍，1921年法国里昂大学博士刘懋初，上林村榜眼林彭年、进士林耀增。现存著作有沙滘村何维柏《天山草堂存稿》、何锡祥《天山草堂诗存》、何沉《北上日记》，荷村徐台英《铅刀集》，李边村李宗颢《萧斋读碑校勘记》《西游录注》《西使记注》等三十多部，上林村林彭年《朝珊剩草》，沙水村刘懋初《广东经济纪实》和《经济学》。现存族谱有镇南村吴卓群、吴佐才修《吴氏族谱》，李边村《李申及堂族谱》。现存碑刻有沙滘村《明封淑人劳氏墓志铭》（庞尚鹏撰），杨家村三忠庙碑记、祠堂残碑。

1. 勤俭有唐魏之风

《南海县志》指出："磻溪各堡风俗最朴，唯知耕织，有唐魏之勤俭。而文人辈出，弦诵聿兴。"❶磻溪堡就是现在云溪社区一带，亦即南沙涌西沿岸。唐魏不是指魏朝和唐代，而是指《诗经》当中的《唐风》和《魏风》，也就是春秋时期的晋国，现在的山西，在《诗经》时代的周朝则称为唐魏。当时，勤俭的唐魏之风与善战忠贞的秦风（陕西一带）、才情横溢的邹鲁之风（山东）齐名于天下。也就是说，南沙涌西岸一带的居民只知道敦守本分，男耕女织，勤俭持家，风俗十

---

❶ （清）潘尚楫修，邓士宪等纂：《（道光）南海县志》卷八《舆地略四》，见《广东历代方志集成·广州府部（一三）》，岭南美术出版社2007年版，第189页。

分纯朴，有古代唐魏之地的勤俭作风。因此文人辈出，读书、吟咏的风气十分兴盛。《南海县志》的这段话比较准确地把这里的地方风俗、文化特点概括了出来，因为这里确实是丹灶历史上文人进士、著作族谱最为集中的地方之一。

与此同时，《南海县志》又指出这里"处南海北陲，又与三水毗连，官司之威每不及加"；又"逼近横江，五方杂处，巨族土豪，相与为好闲游手"，"赌博奸偷"，"酿成械斗之狱"。❶这里的地理位置比较特殊，处在南海的东北面边界上与三水接壤，南海有权管理而又距离太远，三水距离最近而又无权管理。而且逼近自古繁盛的横江墟，五方杂处，什么人都有。据宣统三年的《两广官报》记载，横江墟当时的长乐街、桂芳街、高基街就有赌馆23间，而罗行墟、朋久墟（在沙滘村北面，今已不存）分别只有6间。❷所谓"饱暖而思淫欲"，富有之后容易生出嫖饮赌吹的勾当，如果不能善加引导和制止，往往会酿成械斗争夺的恶果。《南海县志》之所以这么关注丹灶的这个地方，兴革利弊都做了切合实际的分析，就因为这里确实有其他地方所没有的文化魅力。

2. 文人辈出弦诵兴

南沙涌西岸，在榜眼林彭年、进士林耀增的家乡上林村北建有云鼎书院，是咸丰初年由上林六乡共建，刚考中举人的林彭年指出，要"请品学俱优者主席，使讲明经义，悔以礼法，不必拘以八比之文"，"士习既端，风俗亦易厚"。❸也就是要讲求如何做一个好人，而不必强求一定要学习八股文，这样才能培养出真正的人才。后来，林彭年果然高中榜眼，

---

❶（清）潘尚楫修，邓士宪等纂：《（道光）南海县志》卷八《舆地略四》，见《广东历代方志集成·广州府部（一三）》，岭南美术出版社2007年版，第189页。
❷《两广官报》宣统三年（1911）闰六月十二日星期报第九期。
❸（清）郑梦玉等修，梁绍敏等纂：《（同治）南海县志》卷十四《林彭年传》，见《广东历代方志集成·广州府部（一一）》，岭南美术出版社2007年版，第636页。

林耀增亦考中进士。南京礼部尚书何维柏、进士何维椅的家乡沙滘村北建有登云社学。建于乾隆四十四年（1779）的磻溪社学，光绪二十八年（1902）亦由石涌乡迁至横江墟上，正好在进士徐台英家乡荷村的北面。也就是说，每一个建有书院、社学的地方都是出人才的地方，人才的出现与教育机构的建设密切相关。而且，这里的社学有一个显著的特点，就是都建有"景贤祠"，崇祀本乡先贤如何维柏等人。这一方面可以激励后进，另一方面也让后人记住本乡先贤的言行功绩，形成一种地方文化的凝聚力和自信心，促进本乡文化的进一步发展。这里最著名的是沙滘村的兄弟进士和沙水村的父子翰林，还有荷村清官和上林榜眼，李边文献学家。

（1）沙滘村兄弟进士

何维柏，字乔仲，号古林，明代嘉靖十四年（1535）进士，官至南京礼部尚书，《明史》卷二百十有传。弟弟何维椅，字乔佐，号二禺，隆庆二年（1568）进士，官至礼部祠祭司主政。何维柏于嘉靖二十四年（1545）因弹劾奸官严嵩被罢职之后，在番禺河南小港村（今广州市海珠区云桂村）开设天山草堂授徒二十多年，门下共出进士、举人五十多名。弟弟何维椅考中举人、进士，也是在他的悉心教导下培养出来的。其中叶梦熊官至兵部尚书，故草堂有"云桂发祥"之誉，小港村亦因此改名云桂村。何维柏当年为方便学子求学而修建的小港桥（今名云桂桥），如今还保留在海珠区的晓港公园当中，是广州市文物保护单位。何维柏对岭南文化的发展有重要影响，故颇受广东名士之推崇，如梁鼎芬、陈伯陶、吴道镕、

图2.7　广州市文物保护单位：云桂桥

汪兆镛、冼玉清等人都有赞扬他的言论。

何维柏是明代广东著名理学家,崇尚陈白沙主静之学,编有《陈子言行录》。又善于《易》学,著有《易义》,天山草堂的名字就是取自《易》的《遁卦》,指出"自天之下惟山特立于中,有艮止之象",❶以寄托退隐之意。他十分悉心教导学生,曾经告诫他们:"寡欲而后知有欲,改过而后知有过。譬如扫地然,必当加扫之之功,而后觉尘有未尽处。不然,则蹉过不自知也!"❷意思是说,凡事只有努力去做过之后才能发现不足,如果以得过且过的态度做事,是永远不可能发现问题,不可能得到进步的。何维柏的著作《天山草堂存稿》被收录于《四库全书》存目当中,现在保留下来六卷;另外,何维柏后人何锡祥等人在咸丰年间辑录有《天山草堂诗存》一卷。何维柏墓在三水金本开发区芹坑村,是佛山市文物保护单位。何维柏夫人劳廉墓则在1985年被发现于广州市海珠区赤岗某建筑工地,尸体还保存完好,据说现在保存在广州医科大学。同时出土有庞尚鹏撰写的《明封淑人劳氏墓志铭》石碑,如今保存在越秀山广州博物馆仲元楼碑廊。

(2) 沙水村父子翰林

刘廷镜,字梅荪,西城进士游显廷的学生,清代同治十三年(1874)进士,翰林院庶吉士,江苏省扬州府首邑甘泉县知县。儿子刘国珍(原名刘秉照),字仲昭,宣统二年(1902)游学毕业,赏给格致科进士,翰林院编修。刘廷镜任官时为地方摒除了许多恶习,平反了许多冤狱,被称为"刘青天"。辞官归里后,在光绪十九年(1893)主讲西樵山白云洞三湖书

图 2.8 刘国珍与家人合照

---

❶ (明)何维柏:《天山草堂存稿》卷三《天山草堂说》,广西师范大学出版社 2014 年版,第 271 页。
❷ (明)何维柏:《天山草堂存稿》卷三《语录》,广西师范大学出版社 2014 年版,第 317-318 页。

院，当时堂舍荒芜，他倡议进行重修。光绪二十六年（1900）又与罗行十四乡绅耆在兴仁社学倡办联防普安局，保卫家乡。如今刘廷镜和刘国珍的进士旗杆夹石依然矗立在村内刘氏宗祠前。他们父子当年使用的私家埠头仍然保留完整，是佛山市文物保护单位。村内用于防洪排涝的白银窦，则是南海区不可移动文物。后来，刘廷镜的孙子刘懋初（刘存照子），是1921年法国里昂大学经济学博士，历任中山大学、北京大学、清华大学教授，上海地方法院监察处首席检察官，贵州省、广东省审计处处长。曾经编有《广东经济纪实》和《经济学》，现在还是研究1949年以前广东经济发展情况的重要参考书。

（3）荷村清官徐台英

徐台英，字明钊，号佩韦，清代道光二十一年（1841）进士，历官华容、耒阳两县知县，"能以一年之间除华容百年积弊"，❶得到左宗棠的赏识，推荐为浙江省台州府知府，是晚清著名清官。《清史稿》卷四百七十九有传。徐台英与康有为祖父康赞修同为九江何文绮的学生，与康赞修、康国熺、康道修兄弟是至交，曾称："吾与康氏交得两赵焉，如夏日可畏者种之（康国熺），如冬日可爱者述之（康赞修）。"❷在耒阳

图2.9　悬挂于佛山祖庙的徐台英书"联藉鸿恩"铜匾

---

❶ （清）郑梦玉等修，梁绍敏等纂：《（同治）南海县志》卷十四《徐台英传》，见《广东历代方志集成·广州府部（一一）》，岭南美术出版社2007年版，第617页。

❷ （清）郑荣修，桂坫纂：《（宣统）南海县志》卷十五《康赞修传》，见《广东历代方志集成·广州府部（一四）》，岭南美术出版社2007年版，第385页。

县时，他又把康道修"延之幕内，以兄事之，善政多所赞助"，[1]康道修之子康达棻亦跟从徐台英学习。当康国熺被诬入狱，也是他各方奔走把他拯救出来的。徐台英也是朱九江的患难之交，朱九江之所以去到南沙新村坐馆授徒，应该与徐台英的推荐有关。关于南沙新村扫地北的发家史，就是徐台英告诉朱九江的，朱九江还盛赞扫地北有仁术。徐台英死后，奉祀登云社学景贤祠，以配祀礼部尚书何维柏。徐台英子徐澄溥是咸丰十一年（1861）举人。如今在荷村还保留有徐台英祖居和徐氏宗祠"敦本堂"。"敦本堂"虽经多次改建利用，但主体建筑还得以保留，气势十分恢宏。徐台英著有《铅刀集》四卷，现在被收录于《广州大典》之中。佛山祖庙正殿如今还保留有一块徐台英书的"联藕鸿恩"的铜制牌匾，是佛山祖庙的重要文物之一。

（4）上林榜眼林彭年

林彭年，原名殿芳，字朝珊，清代咸丰十年（1860）榜眼，翰林院编修，官贵州镇远府知府。咸丰、同治两朝，正值太平天国、广东天地会骚动之时，林彭年在乡则组织团练，保一方平安；在花县则带领民兵，剿灭贼乱，受到朝廷嘉许。林彭年的作品，现在只有《朝珊剩稿》一种流传于世。如今上林村最南面还保留有林彭年父亲林岳光于咸丰五年（1855）建的"樵岭南来第一门"，虽然历经风霜，却依然屹立不倒。村内与第一门对接的还有一个"通衢"门楼，一门一衢，正是当年丹灶、西樵两地之间的重要往来通道。后来同村林耀增又于光绪二十四年（1898）年考中进士，官吏部主政。另外，还有举人多名。如今十多块新旧旗杆夹石整齐地竖立在林氏宗祠门前，亦甚壮观。

（5）文献学家李宗颢

李边村李宗颢，字煮石，号邵斋、夷白，清末著名文献学家、金石学家。父亲李应鸿是同治七年（1868）进士，官陕西安康、榆林两县知

---

[1] （清）郑梦玉等修，梁绍敏等纂：《（同治）南海县志》卷十七《康家炜传》，见《广东历代方志集成·广州府部（一一）》，岭南美术出版社 2007 年版，第 658 页。

县。光绪十九年（1893），戴鸿慈为北京南海会馆撰有《增建广东南海新馆碑记》，碑文就是由李应鸿书写的。仙岗村进士陈汝霖也是李应鸿的姻亲。李宗颢自小跟随父亲至陕西，访求到许多金石材料。在北京又跟从顺德探花、著名金石学家李文田学习，并与著名文献学家、京师图书馆创办人缪荃孙探讨古籍版本，成就颇丰。一生著述有《萧斋读碑校勘记》《西游录注》《西使记注》《经验良方》等超过三十种，是丹灶历史上除了康有为、杜定友外著作最多的学者。他的著作现在多被收录于《广州大典》《清代稿钞本》中，有待进一步整理出版。

图2.10 南海博物馆藏李宗颢对联

3. 五方杂处横江墟

文化的发展需要地方经济强有力的支持，横江墟恰好为这里的经济发展提供了良好的条件。据元代《（大德）南海志》记载，当时已经有"横江渡"，表明横江墟的历史比较悠久。横江墟北临三水界，离西、北两江的交汇点很近，交通十分便利。光绪二十二年（1896）《申报》（上海版）指出："南海县黄鼎司属横江墟，与三水县西南埠遥遥相望，一苇可航。"❶ 因此，横江墟有通往三水县城的谷艇和货艇，也有通往佛山、省城的缆艇、粮米艇，与三水县城、佛山、省城之间的经济往来非常频繁。《南海县志》指出，横江墟"土产多棉布、络麻、菽粟、花生、油面、薯芋、姜瓜、竹缆"。❷《申报》又称："墟内铺户百余家，以布帛为大宗。

---

❶ 光绪二十二年十一月十六日（1896年12月20日）《申报》第8506号（上海版）《粤东火警》。
❷ （清）潘尚楫修，邓士宪等纂：《（道光）南海县志》卷十三《建置略五》，见《广东历代方志集成·广州府部（一三）》，岭南美术出版社2007年版，第289页。

并设典肆数家，以通贫民缓急。其中以致祥一肆为巨擘，人多信之。乡中富户辄将银两、衣物寄储其中，以防暴客。"不仅本地富人会寄存银两，就连"西南埠某银号方存银数千"。可见横江自古就是商旅繁荣之地，巨族土豪多聚居在这里。

有强大的经济实力作为后盾，横江墟的文教事业也得到了很大的发展。清代建有磻溪社学、横江古道门楼、扬名门、节孝坊，集中出现了二圣宫、文昌庙、关帝庙、三忠庙、观音庙、禾婆庙等各种庙宇。加上各类店铺林立，横江墟可以说是丹灶北片地区社会活动最为活跃的地方。但是，由于五方杂处，横江墟出现的负面问题也比较多，正如《南海县志》指出的那样："始与拍肩握袂，执俗乐、学歌舞，昼夜酣饮，游戏无度。终则赌博奸偷，靡所不为，灾及其身，以累其亲。甚而纠合多人，酿成械斗之狱。"❶让不少生活在这里的民众蒙受其害。

可幸的是，文化的积淀也为负面问题的解决提供了积极的保障。如紧靠横江墟的镇南村订下了《横江镇南乡吴思本堂禁约条例》，❷对村内、墟上出现的各种陋习作了明确的禁止：

有窃盗及偷牛拐诱者，送官究治。

开场聚赌，如在日间者，罚窝主银一两五钱，在夜间者，罚银三两，罚酒二埕；如敢恃强抗例，送官究治。

赌博，罚酒二埕，责二十板；如敢抗拒，送官究治。

开设灯局，招集外乡外姓人在本乡吸食鸦片烟者，罚酒一埕，罚花红银拾大员；该花红以五元归指证者得；如敢恃强违抗，送官究治。

醉酒行凶，在墟上及各处斗殴，得罪乡里，责二十板；如因此等事连累本族者，所有一切费用，归犯事人负责。

---

❶ （清）潘尚楫修，邓士宪等纂：《（道光）南海县志》卷八《舆地略四》，见《广东历代方志集成·广州府部（一三）》，岭南美术出版社2007年版，第189页。

❷ （民国）吴卓群、吴佐才修《吴氏族谱》卷首，民国十八年刊本。

《横江镇南乡吴思本堂禁约条例》分别对"昼夜酣饮""赌博""偷""在墟上各处斗殴""吸食鸦片"等不良行为一一作了具体的规定，如有违犯，皆有相对应的条款进行惩罚。一来可以让村民分清善恶，二来可以让顶风作案者得到严惩。有利于移风易俗、肃正人心，抵消因五方杂处带来的消极影响。

　　由此可见，丹灶镇在西、北两江交汇后的北江（东平河道）和南沙涌两岸形成了三个文化非常集中的发展区域，这里墟市林立、古迹众多、名人辈出、著作渊深、非遗耀目。这里不仅是丹灶本土的人文汇聚之所，还是附近各县、镇如三水白坭陆宣、南海九江朱九江和桂城庞尚鹏、顺德龙江张锦芳等著名学者的读书、教学之地。罗行墟还吸引了西、北两江上游沿岸四会、广宁、藤县、新兴、佛冈、怀集等地商人前来从事各种竹器生意。可以说，江水所到之处皆商旅繁荣、文教兴盛，这很大程度上得益于西、北两江交汇所带来的便利交通和肥沃水土。丹灶镇的这种独特文化形态，可以称为"两江文化带"。

第三章

河涌展布文明路

丹灶镇境内有西、北二江之水自北汇聚而来，带来肥沃的水土；还有官山涌的主、支两条河涌往南通贯而去，得到西樵山的山林之胜。官山涌的支流有两条，西面支流在三水文苑白坭镇境内，往东南流向丹灶，并在丹灶境内汇入中间支流银河涌。银河涌继续以东南走向之势，在丹灶、西樵两镇交界处汇入官山涌主流。也就是说，官山涌的三个汇流点全部都出现在丹灶，丹灶是官山涌的咽喉门户。沿涌南下就是东平水道，到达顺德、中山、澳门，以至南海，进入太平洋，通往全世界。水土利生产，山林利积淀。优越的地理位置，让丹灶得到了良好的发展机遇。丹灶文化的启明灯就出现在官山涌支流的银河涌两岸，丹灶社会的核心发展带就出现在官山涌主流之上。

第一节　银河涌边启文明

银河涌两岸，有新石器时代通心岗遗址（佛山市文物保护单位），商代馒头窑庄边窑址，元代陈茂兴、吴太安人墓，仙岗陈氏祖墓（南海区不可移动文物），元代北帝庙（真明堂）。有建于明代的银塘社学、赤溪社学，建于清代的扶溪书院、仙岗书院。有清代银河桥文阁、大果文阁、大杏文阁，赤礉文昌阁。有明代北帝庙（鼎真堂）、三忠祠、天后庙。有仙岗市、西城市、公益市、银河桥市、大杏市。有明代"何公窦"。有广东省历史文化名村、南海十大古村落仙岗村。有全国重点文物保护单位康有为故居，佛山市文物保护单位仙迹丹泉、阴鸷井、贞烈牌坊。南海区不可移动文物保护单位有仙岗陈氏祖墓。佛山市非物质文化遗产有仙岗村烧番塔。南海区非物质文化遗产有赤礉村盲公话。著名人物有苏村维新领袖康有为、江西巡抚康国器，仙岗村进士陈汝霖、爱国儒商陈仙洲，小杏村进士何文邦，良登村进士方翀亮、机器缫丝机之父陈澹浦、中国第一台柴油机制造者陈拔廷，大果村近代中国图书馆学奠基人杜定友。现存著作有苏村康有为《康有为全集》（十二册），康辉《留芳集》，康赞修《连州遗集》，康国熺《诗经串义》《六太居士集》《六太居士遗稿》，康广仁《幼博茂才遗集》，康同薇《日本变法由游侠义愤考》，康同璧《康南海先生年谱续编》；小杏村何文邦《（嘉靖）南安府志》；大果村杜定友《杜定友文集》（十二册）。现存族谱有《仙岗陈氏族谱》、苏村《康氏族谱》、伏水村《陈氏族谱》、良登村《罗氏族谱》和《方氏族谱》。现存碑刻有苏村《重修社学暨新建庙宇碑记》《禁约》《银河桥禁约》，仙岗村有《重建真名堂碑记序文》《重建始祖祠堂原向碑记》《重修大宗祠碑》《重建真名堂碑记序文》《创建仙岗书院碑记》，西城村有《重修三界庙碑》《三界新庙碑记》《重建三界庙碑序》《重修三界庙碑记》《重修本庙碑记》，伏水村有《明处士朴翁陈公安人潘氏墓志铭》《两川陈处士暨配冯安人墓志铭》，赤礉村有《新建义祀祠碑记》。

1. 石器时代足迹远

银河涌两岸是丹灶文明的灯塔，是目前考古所见丹灶境内最早有人类活动的地方。镇内的贝丘遗址主要集中在良登村、苏村的银河桥一带。最具代表性的是良登村通心岗遗址，考古挖掘时采集到石燧、石核、石锛、石斧、陶纺轮等文物，陶片纹饰多为方格纹、曲折纹、叶脉纹、绳纹等；陶质为红陶、灰陶、夹砂黑陶。考古年代为新石器时代晚期至青铜时代早期，表示距今约 5000 年前已经有人类在这里活动。

（1）进士卖菜身高洁

通心岗遗址所在地良登村，是晚清著名进士方翀亮的家乡，康有为在《大同书》中对方翀亮有很高的评价，说"吾乡方荪壁进士，独行介节，不受赠馈，种菜而食，乃至饿死"。❶ 方翀亮，字懋仁，号荪壁，道光三年（1823）进士，明代武英殿大学士方献夫家族的后人。方翀亮考中进士之后，在北京遍求名人题字为他的母亲祝寿。没想到当他回到家时，母亲已经病逝。他呼天抢地，悲痛欲绝，从此闭门不出，不接受各种官、私延聘。当时广东首富伍崇曜想把女儿嫁给他的儿子，他完全不为所动。有朋友劝他稍微降低身份，就可以得到丰厚回报来维持生活。方翀亮说："我努力读书求科名，为的是想让母亲过上好日子。现在功名有了，母亲却已不在人世，我还要富贵来做什么！"最后以贫病早逝，大家都十分惋惜。但是一代人物的传奇故事，如今已通

图 3.1　良登村内的方翀亮进士旗杆夹石

---

❶（清）康有为：《大同书》第一章，见姜义华、张荣华编校《康有为全集》第七册，中国人民大学出版社 2007 年版，第 9 页。

过康有为的《大同书》而扬名后世。

良登村还是近代中国第一台机器缫丝机制造者陈澹浦的家乡。他早年在广州十三行豆栏上街开办联泰号机器作坊，以制造缝衣针及修理各种五金器械为业。由于技术精良，开始帮忙来往香港、广州之间的外洋轮船进行维修。在外国技师的指导下，他慢慢掌握了外国轮机的修理和安装技术。后来受陈启沅委托，与儿子陈桃川、陈廉川制造出国内第一台机器缫丝机。之后联泰号扩大规模，把工场迁至十八甫的桂塘新街，改名陈联泰机器厂（行内称新联泰），大规模制造缫丝机等机器，并且兼修轮船设备。同时，派陈桃川的二子陈子卿到福建、香港等地考察、学习。在掌握了一定的技术、积累了一定的经验之后，陈澹浦在珠江北岸天字码头附近增建装配轮船的工场东栈，在河南（今海珠区）冼涌兴建专造锅炉的南栈，开始尝试造船。大约在1884年，建造了中国历史上第一艘汽轮"江波号"。后来有说法指，陈澹浦打破了外国蒸汽轮船的业务垄断，被外商污蔑陈家承担的西堤建设项目偷工减料，迟迟不能完工，因而被政府查封了大部分设备，导致元气大伤，走向衰落。能继续保持机器制造优势的是陈桃川在十三行创办的修理蒸汽机等机械的均和安机器厂。民国初期，该厂扩大业务，搬至河南大基头附近，在陈桃川的主导下，先后培养了技术工人超过3000个，因此陈桃川有"机器老人"之称。

当年，陈澹浦儿子陈桃川为了纪念他，在家乡良登村建了"澹浦陈公祠"，如今还保留在村内村尾坊，供后人景仰。祠内供奉着陈澹浦的神位，还有陈桃川儿子陈子卿的瓷像。当中有一篇《子卿公赞》，是西城村举人、

图3.2 良登村内的澹浦陈公祠

民国时期的律师黄炎熊所写。可以说，良登村陈氏是著名的机器制造世家，他的许多后人至今还从事机器制造行业，为中国机器制造业的进步做出了巨大贡献。

与陈澹浦同村的后辈陈拔廷，早年在陈桃川的均和安机器厂做学徒，由于他天资聪颖，手脚灵活，很快掌握了独立的机器制造技术。1911年，与丹灶赤磡村陈沛林、顺德龙江薛广森等人在广州芳村创办了协同和机器厂（广州柴油机厂前身），制造出我国第一台柴油机。1936年又与何伯敏等人合股创办公和祥机器厂，从事大规模的机器制造。

另外，黄花岗七十二烈士当中的罗进、罗干、罗遇坤、罗联，就是良登村人。

（2）维新策源圣人乡

通心岗遗址西面是苏村，在丹灶文明灯塔的照耀下，走出了近代维新领袖康有为、广西护理巡抚康国器、黄花岗七十二烈士陈才和陈福、孙中山大总统服制作者潘应元等一系列著名人物。

康有为，原名祖诒，字广厦，号长素，我国近代著名政治家、教育家、思想家，维新变法领袖。《清史稿》卷四百七十三有传。他自称12岁时"五月观竞渡，赋诗二十韵，州吏目金公称为神童"。❶二十韵就是四十

图3.3 苏村内的康有为故居

---

❶ （清）康有为：《我史》"同治八年己巳十二岁"，见姜义华、张荣华编校《康有为全集》第五册，中国人民大学出版社2007年版，第60页。

句诗,对于12岁的孩子而言是很难做到的,故有神童之称。康有为30岁前基本读完中国古籍,并广读西方文献,关心时局变化,认识到当时中国与西方列强之间的巨大差距,认为不变法无以自保,不变法无以图强。于是康有为在考中举人之前的1889年,就以荫监生的身份"发愤上书万言,极言时危,请及时变法"。❶后来康有为在广州开设万木草堂,讲授今文经学、大同之学和西学;并在梁启超、陈千秋等学生的协助下刊刻《新学伪经考》,宣传变法思想。他讲学时刻意模仿孔子,遂有"南海圣人"之称。1895年李鸿章与日本签署丧权辱国的《马关条约》,康有为与同在北京参加会试的梁启超积极参与"公车上书",表示严正反对。同年,康有为考中进士,授工部虞衡司主事,不过他并未到署办事。后来在上海建立强学会,"鉴万国强盛弱亡之故,以求中国自强之学",❷发行《强学报》。不过,该报不久就因遭到诸多反对而停办。由于办报款项是由筹款而来的,因此由梁启超主笔的《时务报》得以借此而创立,继续宣传变法,在社会再次引起非常巨大的影响。不过,康有为有时为了达到目的,而对某些事实偷梁换柱、对某些人巴结诋毁,在许多人心中留下了不少负面印象。如当时积极支持变法的工部尚书孙家鼐就指出,要"采择其言而徐察其人品、心术"。❸虽然在变法路上遇到各种挫折,但是康有为并没有气馁,而是再接再厉,继续根据时局向光绪皇帝上书变法,得到同乡张荫桓等人的荐举,他的《俄大彼得变政记》《日本变政记》《孔子改制考》也顺利呈上光绪皇帝,得到入朝召见。于1898年6月11日实施变法,顺应社会发展潮流,围绕废科举、建学堂、讲西学、立新法,强新军、开矿藏等,进行了政治、经济、教育、军事等多方面的改革,取得了一定的成效。不过,维新变法由于触动了社会固有利益

---

❶ (清)康有为:《我史》"光绪十四年戊子三十一岁",见姜义华、张荣华编校《康有为全集》第五册,中国人民大学出版社2007年版,第72页。

❷ (清)康有为:《上海强学会章程》,见姜义华、张荣华编校《康有为全集》第二册,中国人民大学出版社2007年版,第93页。

❸ 汪叔子、张求会编:《陈宝箴集》,中华书局2003年版,第783页。

者尤其是慈禧太后的国家统治权，以及其他多方面的原因，以致百日之后就遭到慈禧太后的扼杀。光绪帝被囚，康有为、梁启超逃亡海外，康有为弟弟康广仁等戊戌六君子殉难，变法宣告失败。直到中华民国成立，康梁等人才得以回国。不过时势已不复当时，举国的变法已变为举国革命，康有为也只好退居上海、杭州等地，最后在七十大寿之后不久客死青岛。

康有为的著作已经整理为《康有为全集》十二大册出版。国内从1983年起，每隔五年会举办一次康有为学术研讨会，探讨他的历史功过以及对当下的启示。如今苏村内还保留有康有为故居，传统岭南三间两廊风格的"延香老屋"。故居旁边，在康有为八世祖惟卿公祠原址建有康有为纪念馆，是全国文物重点保护单位、爱国主义教育基地。康有为的两块进士旗杆夹石被重新树立在纪念馆前，在不断警醒后人，关切时艰，为国效力。

康国器，初名以泰，字交修，号友之（字又作芝），是康有为祖父康赞修的堂兄，以平定太平天国有功，得到左宗棠赏识，官至广西护理巡抚。《清史稿》卷四百三十三有传。康国器自小家贫，从军江西，骁勇善战，治军能以少击众。脚部因为经常受伤而跛，军中称为"康拐子"。后来转战江西、广东、浙江多地，先后战胜石达开、阳山贼及汪海洋等巨匪，军功显赫。继子康熊飞有勇有谋，经常帮助康国器破敌，积功至浙江候补道。康有为家族的发迹就从康国器开始，康氏大宗祠、澹如楼、村中石板路，就是康国器所建。康家跟随康国器驰骋疆场的就有十多人，康有为父亲康达初就曾经跟随康国器从军江西，论功赠候补知县，只可惜未上任就患病早逝。

苏村潘应元是1917年孙中山宣誓就任海陆军大元帅所穿服装的制造者。他早年去过日本、印度尼西亚学习裁缝，是著名的海归师傅。后来，他与兄弟潘参元在广州永汉路（今北京路）开设美利洋服公司，专门从事洋服制造生意。由于技术精湛，得到了孙中山的信任，为孙中山制作了宣誓就任时所穿的大元帅服。潘氏的许多后人亦继续在广州服装业工作，大多是该行业的元老级人物。

另外，黄花岗七十二烈士当中，陈才、陈福就是苏村人，为近代中国的革命事业贡献出了宝贵的生命。

苏村最南部是全村的经济、文化、活动中心，这里有天后庙、银塘社学、银河桥、银河桥文阁、银河市、银河码头等诸多建筑。往南望去，郁郁葱葱的西樵山赫然在目，颇有"悠然见南山"之趣。天后庙建自明代，如今还得以保留，后来改作银塘社学，有明代万历年间广东提学魏浣初题写的匾额。庙中如今还保留有道光五年（1825）的《重修社学暨新建庙宇碑记》，叙述了庙宇的历史由来，并称当时"增建左右两厢，奉祀文武二帝，点化士子，以为青云阶梯"。碑后刻有捐助人姓名，其中康有为祖父辈康盛修、康学修、康道修、康干修、康懿修（康国熺）、康济修、康以乾（康赞修）、康以芳、康以泰（康国器）赫然名列其中，说明康家当年亦参与了庙宇的重修。

图 3.4　苏村俯瞰

如今银河桥、银河桥文阁均已坍塌，只有大概可以辨认当年位置的遗址留下。银河桥遗址桥头竖有一块光绪二十年（1894）的石碑，明文禁止开设白鸽票、花会等赌博行为。而在稍北不远处，建了一座跨越银河涌的现代新桥，名字依然叫作银河桥。

银河桥文阁虽然临近苏村，但并不是苏村所建，而是苏村上游不远处的西城村游德叡创建于嘉庆十八年（1813）。《南海县志》称银河桥文阁是"西城、苏村、大仙岗等各乡之门户"，创建之后附近各村都"人文蔚起，仕宦称盛"。[1]最有代表性的就是文阁的创建者游家。游德叡于

---

[1]（清）郑梦玉等修，梁绍敏等纂：《（同治）南海县志》卷四《建置略一》，见《广东历代方志集成·广州府部（一一）》，岭南美术出版社2007年版，第476页。

嘉庆十八年创建文阁之后，他的儿子游球于嘉庆二十四年（1819）与康有为祖父康赞修一起考中举人。康赞修更是康家历史上考上的第一位举人。文阁毁坏之后，游宝书于道光九年（1829）进行增高重建，游球的儿子游显廷就在道光二十九年（1849）考中举人，并于咸丰二年（1852）高中进士。因此，当游显廷的儿子游超元在同治三年（1864）考中举人之后，游球就在同治四年（1865）重修了文阁。这种修建文阁与考中举人、进士之间的往复关系十分神奇，看似巧合，而又似乎不无因果，在西城、苏村、大仙岗等各乡村民心中具有非常崇高的地位。

2. 商代窑址耀千古

大果村西南面于 2003 年建设高速公路时发现一个商代馒头窑遗址，文化堆积层位于山坡沙砾石层之下，主要有：陶窑遗迹，红、灰陶片。是南海境内目前发现早期的窑址之一，定名为"庄边窑址"，被认定为南海区不可移动文物。表明约 3000 年前的商代已经有人在此烧窑，历史悠久，文化底蕴深厚。

（1）桥阁庙社祀三忠

在东北面与庄边窑址一条银河涌之隔的是大果村，沿涌往北是仙岗村，往南则是西城村、苏村。涌上建有大果桥，是村民往来窑址和村庄的必经之路。如今桥上新铺了一层水泥混凝土，下面则整体还是古旧原物，桥墩还是当年的石砌原件。石墩迎水处设计成三角形，可以减轻洪水对桥墩的阻力，最大限度地保护石桥的安全。

经过大果桥进入村内，迎面就是村口文阁，楼上祀文昌，楼下通行人，跟现在西樵山白云洞的魁星阁相似，可惜现已毁坏不存，之前的文昌君塑像则搬至旁边的三忠庙左偏厢继续供奉。三忠庙建于明代，祀南宋抗元忠臣文天祥、陆秀夫、张世杰。庙内有刻于 1917 年的《重建三忠庙碑记》，可知自清朝至民国重修过 3 次。如今还能看清楚红砂岩地基，庙内还保存有一个红砂岩莲花座古物，有待考古专家鉴定。三忠庙坐北

图 3.5 大果村三忠庙

向南，深两进，人字山墙，大门外有宽阔的广场，铺有石路，砌有石阶。广场左边石阶建有社稷。庙东原是杜氏宗祠，前座已被拆，后两进则改成会场。如今会场前还竖有两对乾隆举人旗杆夹石，字迹已模糊难以辨认。三忠庙在正月十五有行乡活动，村民会把塑像抬出，巡游乡内各处，场面热闹非凡。

岭南地区现在的氏族多是南宋年间从北方迁入，如丹灶镇的方献夫家族经福建莆田迁来，何维柏、康有为等家族经南雄珠玑巷迁来，等等。民族的迁徙，不仅仅是人口的转移，同时也将中原地区的礼乐文化、学术精义带来岭南，为岭南人才的培养和社会的发展提供了强大的动力。岭南地区之所以在元代之后人才辈出、经济突飞猛进，一反宋元之前的寂寂无闻，与这个民族大迁徙的事件不无关系。尤其是"南宋之季，时事多艰，独至三忠，惟能以将相之奇才，毅然而肩劻扶之巨任。观乎厓山坡岭,节义常昭,允宜庙食千秋；风高亿载,固不待烦言纪颂矣！"(《重建三忠庙碑记》)，更加激起岭南士族的君国大义。他们多秉承传统，发奋图强，励精图治，促使岭南社会走上了一条不平凡的发展之路。

大果村是近代中国图书馆学奠基人之一杜定友的家乡。他自小在上海长大，在南洋公学读书，后来到菲律宾大学专攻图书馆学专业，获得图书馆学、教育学学士学位。学成之后放弃菲律宾公司的高薪聘请，毅然归国，是当时我国唯一的一位图书馆学专家。他先后担任广东省立图书馆馆长、中山大学图书馆主任、上海交通大学图书馆主任、复旦大学教授及图书馆主任。在广州创办了我国第一个专业的图书馆管理员培训班，在上海创办了我国第一份图书馆专业刊物《图书馆杂志》。他的图书馆学研究工作，不仅清楚地阐述了图书馆与社会的关系，还用毕生的精力研究适合我国国情、能与世界接轨的"图书馆分类法"，命名为《世界图书分类法》，旨在寻求一种任何文字都能使用的统一分类法，使我国图书馆学分类法逐步统一化、标准化和规范化。另外，他还提出地方文献的概念，阐述地方文献的适用范围，主张各省市地方图书馆应该做好地方文献的收集、保护、整理和出版工作，对我国地方文献事业的发展有很大贡献。杜定友一生撰写著作80多种，论文400多篇，约600万字，如今已编为《杜定友文集》十二册出版。不过也只是对原来出版物的影印出版，还有待进一步的整理、编印，让读者能够得到更好的利用。

(2) 古韵流芳大仙岗

大仙岗村在大果村北，两村一衣带水，同在银河涌边，相传大果村的名字就从"以大果敬奉大仙"的典故而来。大仙岗简称仙岗村，是广东省历史文化名村、南海区十大古村落。仙岗村坐北向南，靠岗而建，东西窄、南北长，呈弧形分布。环岗筑有山路，路旁建有古泥墙，如今还断断续续保留有几段。其中西段残墙边有一棵百年鸡蛋花树，高十几米，非常粗壮茂盛，忠实地守护在建于宣统年间的"仙岗市"入口处。

图3.6 仙岗村全景

仙岗村历史上古迹众多，格局恢宏。相传得名于东晋葛洪在此取水洗药炼丹。因此建有葛仙祠，庙不大，今已不存。村中保留下来一个相传是葛洪当年使用过的石钵，原是丹灶村所有，曾经借给南海博物馆展览，后来放在这里。村南部东、西两处各有一个流水井，俗称"蟹眼泉"，今称仙迹丹泉，至今水流不歇，甘洌怡人，远近来此取水泡茶的人络绎不绝。

葛仙祠西是建于光绪二十一年（1895）的仙岗书院，后来改建为会场，今则改建为岭南民俗陈列馆和粤剧舞台。门内右墙上嵌有《创建仙岗书院碑记》，还能借此了解当年的概况。仙岗书院西为北帝庙"真名堂"遗址，相传宋元开村时创建，明崇祯九年（1636）题额"真名堂"，清代嘉庆、同治年重修，增建拜亭，又题名"玉虚宫"，香火十分鼎盛。庙今不存，仅在陈氏大宗祠内保留有一块光绪八年（1882）刻的《重建真名堂碑记序文》，略可窥其梗概。

陈氏大宗祠在葛仙祠东面，始建于明代，重建于康熙二十二年（1683）、嘉庆十四年（1809），之后递有重修。坐北向南，三间三进，人字山墙，灰塑博古脊，大门左右有塾台。祠内还保存有道光十二年（1832）《重建始祖祠堂原向碑记》和同治十二年（1873）《重修大宗祠碑》，格局完整，沿革清楚，如今是南海区不可移动文物单位。陈氏大宗祠东南面曾经建有文阁，现在只残存部分地基在球场下。历史上的仙岗村还建有先锋庙，残存"先锋"两字的庙额保存在陈氏大宗祠内，落款时间为宣统元年（1909）。还有义学、广善堂、义祀祠、康公庙、公平仁义四社，可知仙岗村自古就是一个格局庞大、组织完善的繁盛之地。如今村内还保存有传统岭南三间两廊镬耳屋几十间，现存宗祠11座。村前石板路多已修复，环村池塘皆已清污，还种上不少荷花。每逢天朗气清，垂榕古道下，荷塘大屋互相辉映，千古幽思，传送目前。

历史上的仙岗村由于地富民多，"族姓强横，素以劫掠苦邻里，故谚有：'生怕大仙岗，死怕阎罗王'之谣"，一直影响着仙岗村的文教发展。直到道光十七年（1837）举人陈维新的出现，才扭转了这种劣势。陈维新，字经甫，与广东巡抚郭嵩焘曾经是同僚。他疾恶如仇，敢于担当，与同村老儒陈燕文一起严格约束子弟，"攻匪保良，无不公当，众情悦服，污俗顿除"。❶ 自此民风淳朴，既建书院，又建义学、文塔，文风

---

❶ （清）郑梦玉等修，梁绍敏等纂：《（同治）南海县志》卷十四《陈维新传》，见《广东历代方志集成·广州府部（一一）》，岭南美术出版社2007年版，第636页。

越来越兴盛。同治元年（1862），陈汝霖高中进士，官至江西长宁、丰城两县知县。陈汝霖，字廷金，又字贲臣。父亲陈以敬，在县衙供职，去世比较早。陈汝霖自小就好学成性，在去世前一个月还约亲戚李边村进士李应鸿一起拜师朱九江，简直是千古奇闻。还有陈维汉，与兄长陈翀汉在福州做生意，咸丰八年（1858）石达开攻打邵武，他当即捐钱募勇抗敌，后来平贼有功，赏戴花翎，封邵武府知府。儿子陈大照是光绪八年（1882）举人，孙子陈道甫是民国期间的广东省参议员。还有一代儒商陈仙洲，原名钜瀛，早年随父在汉口经商成为巨富，不仅捐卖价值36万元的古董赈济1931年的湖北水灾，还在1938年将汉口保华街"金石墨缘堂"的古玩、字画全部捐出，用来购买飞机保卫武汉，十分振奋人心。这种热心公益、保家卫国的精神，既是一种社会担当，也是一种文化情怀。

(3) 深院大家临曲水

大果村南面是西城村和伏水村，这里是银河涌最为弯曲之处。两村一西一东分布在银河涌的两面，西为西城，东为伏水，互相对望。

西城是一个多姓氏大村，范围比较广阔。清代道光年间，村北银河涌边建有西城市，茶楼、木器铺、打铁铺、鸦片馆等一应俱全，在丹灶城区建成之前一直十分兴旺。如今主要商铺大多已搬往城区，这里只剩下一条旧街，只有部分零散商铺继续经营杂货、蔬菜、鱼肉等生意。墟市内曾经做过乡政府办公楼和西城汽水厂的大庙，是建于明代的北帝庙，又名鼎真堂，由西城村游氏所建；清代康熙年间在旁边增建了文武二帝庙，香火十分鼎盛。西城汽水厂倒闭之后，北帝庙就荒废为出租屋。不过，西城沙士汽水的名声和味道，是每一个从20世纪80年代走过来的丹灶人所不能忘怀的，它在丹灶人心中的地位，等同于美国人心中的可口可乐。

西城游氏就是在苏村银河桥边建造银河桥文阁的游德叡等人，他的孙子游显廷是游家唯一的进士。游显廷，号蓉裳，咸丰二年（1852）进士，选翰林院庶吉士。他并不乐于仕进，后来回到家乡授徒教学，先后主讲肇庆观澜书院、广州西湖书院，西樵军机大臣戴鸿慈、丹灶沙水村翰林刘廷镜都是他的学生。父亲游球，是嘉庆二十四年（1819）举人，做惠州府教授。儿子游超元也成为同治三年（1864）举人，可以说是四代书香的世家。游显廷的进士旗杆夹石还竖立在游氏祠堂旧址的池塘对面。游家旗杆夹石有一个特点，就是一律比其他乡村的要粗壮高大，十分有气势。或许这也是一种文化炫耀的资本。黄花岗七十二烈士当中的游寿，就是西城村游家人。

现在潘家六巷的晚清镬耳屋建筑群是丹灶著名的文化名片，是许多摄影爱好者采风的地方。整齐的镬耳屋由南向北紧密排列，衬着池塘的波光水影，蔚为壮观。最为特别的是，这里的镬耳有别于其他地方的一翘到底，而是在顶尖处做成鱼尾状的浪花，十分生动。由于受到地形的影响，这里的三间两廊格局也与传统稍有不同。几乎都是因地制宜，不能左右对称之处就不对称，不能把天井纳入屋内就建在外面，十分独具匠心，富有魅力。

图3.7 西城村六巷的镬耳屋

另外，潘家还在西城村的东南面杨氏聚居处建有三界庙。始建于乾隆三十三年（1768），其貌不扬，广三间，前后只有一进。但是，东厢墙壁上竟然镶嵌有六块刻于不同年代的石碑，数量之多，实为丹灶之最。据石碑记载，庙前曾经建有拜亭，庙左建有公所，现在均已不存。其中，刻于同治六年（1867）的《劝捐引》出自潘倬龄之手。潘倬龄是康有为的姑丈，他与兄长潘俊龄一起，和康有为的祖父康赞修一起读过书，也经常到苏村七槐园参加康家的诗酒之会。每年的正月十五是三界庙诞，乡民会抬神像游乡，场面十分隆重。而如今所见，最为特别的是庙左前方有一口水井，井口与一般水井没有什么区别。但是俯视井内，恍然如一大瓮，直径约有四五米宽。井壁全为岩石，非由砖头砌成，十分罕见。

明代嘉靖年间顺德著名文学家"岭南后五先生"之一的欧大任是伏水村女婿，他曾经为岳父陈德重和姻亲陈景豪写有《明处士朴翁陈公安人潘氏墓志铭》《两川陈处士暨配冯安人墓志铭》，记载了他们的生平，还记述了明代伏水村及附近乡村如苏村、孔边村的一些情况。当中记载陈德重劝告家人不要参加械斗的话堪称名言："乡人有斗，戒家人闭户：'佐饔得尝,佐斗·得伤'，每三诵焉。"❶帮助别人做饭还能分一杯羹品尝，帮助别人打架只会弄伤自己，这又何苦呢？关好门户不要外出是最好的处理办法。因而陈德重受到别人的尊敬。

据《南海县志》记载，伏水村东南边的内塘和外沟在明代天启年间种有二百多棵水松，"望之如屏障，故曰松屏"，村民俗称为水松基。"村人每视松长孙枝以占丰歉，听黄鹂声为耕种之候"。❷村民会根据水松每年长出的新枝情况来预测新的一年是否会丰收，也会根据黄鹂鸣叫的迟早来确定耕种的时机，形成一种独特的耕作习俗。如今水松基已经不存，但是村民在挖掘沟渠的时候往往会挖到硕大无比的水松根，让人们得以窥探当年水松基的盛况。

伏水村在民国期间曾经建有公益市，规模不小，与对岸的西城市互相抗衡。加上东面的竹迳墟，在这一片区上就有东、中、西三个毗邻的墟市，可谓盛况空前。公益市四周围都建有炮楼，上有枪眼，用来镇守市集，防止土匪、大天二的劫掠。当中最著名的是伏水大押（昌兴龙楼），如今村民还津津有味地诉说着它当年的风采。

---

❶ （明）欧大任撰：《欧虞部文集》卷十三《明处士朴翁陈公安人潘氏墓志铭》，见《欧虞部集》，书目文献出版社1988年版，第719页。

❷ （清）郑梦玉等修，梁绍敏等纂：《(同治)南海县志》卷二十五《杂录上》，见《广东历代方志集成·广州府部（一一）》，岭南美术出版社2007年版，第786页。

3. 涌头涌尾互生辉

(1) 涌头赤磡苏坑

赤磡村位于银河涌最上游，仙湖的东南面，现在桂丹路旁。明代已经建有赤溪社学，清代道光年间依然存在。明末清初，在东南面村口建有北帝庙，至今犹存，香火十分鼎盛，每年三月三北帝诞都会有大型的庆祝活动。清代嘉庆八年（1803），又在北帝庙西侧增建义祀祠，奉祀无后神主。祠内东墙上还镶嵌有一块嘉庆八年所刻的《新建义祀祠碑记》，字体遒劲有力，是丹灶境内目前发现的唯一一块篆书碑刻，具有很高的鉴赏价值。至道光年间，又在北帝庙东侧增建文昌庙，与中间的北帝庙、西面的义祀祠合为一体，中间有廊门相接，连成一片，最终形成现在福缘堂三间鼎立的格局。

图 3.8 赤坎村义祀祠碑

赤磡村至今还流传着一种丹灶独有的非物质文化遗产"盲公话"，也可说是一种地方暗语。据说已经在村内流传了一二百年之久，成为赤磡村民在外交流而又不被外人听懂的独特语言，颇受广东语言学研究者的关注。

苏坑村与赤磡村西北面毗邻，村内一北一南有两个佛山市文物保护单位：阴骘井和贞烈牌坊。阴骘井相传为宋代苏坑村孔家所建，井底有一个当年修井时留下的"孔"字。阴骘就是默默做好事的意思，据说阴骘井是为了纪念当年孔家做过的好事而建的。如今的阴骘井为青砖井壁、清代花岗岩井口，应该是后来重修的。村南的贞烈牌坊建于清代康熙间，两条八角柱，脚下各有一对圆鼓石，柱上一块匾额，正面阳书"贞烈"两字，背面阴刻事略，是为黄志麟妻梁氏守寡而立。当时看似显赫，受到封赏；但如今看来又不禁让人泛起几分凄凉。

(2) 涌尾大小杏

小杏、大杏本来使用的"槑"字是广东特有用字，后来由于字库中没有这个字，导致输入不便，各地纷纷将本字改为音近字"杏"或者"瀛"，如丹灶大杏、西樵沙瀛。

小杏村是明代进士何文邦的故乡。何文邦，字献卿，号云峰，正德三年（1508）进士，官至南安知府、都转盐运使（从三品）。曾修有《(嘉靖）南安府志》，保存至今。明代村内立有进士坊，今已不存。他十分关心家乡建设，曾在蚬壳围西偏基内独力开凿"何公窦"，引西江水灌溉农田，"上通西城市窦，下通抱龙桥窦，利赖无穷"。❶ 该窦现在犹存，但是该区域1949年后划入三水区白坭镇，不再属于小杏村管理。

大杏村在小杏村南面，官山涌最西面的支流樵北涌就在这里汇入银河涌，是三水白坭镇、南海丹灶镇、西樵镇三镇水陆交汇的地方，自古也是商旅汇聚之地。早在清代道光年间就建有大杏市、扶溪书院、文阁、中庙、南庙。还在银河涌上建有抱龙桥，接通三水和西樵。如今的抱龙桥已经成为一个地名，当年的抱龙桥亦已改建为现代桥梁，而名字得到了保留，成为丹灶境内少见的古今名字、位置都对应得上的历史名桥。

第二节　官山涌上炼丹心

官山涌北段干流两岸，宋代丹灶村建有丹亭，元代已有丹灶渡，孔

---

❶ （清）郑梦玉等修，梁绍敏等纂:《(同治)南海县志》卷二十五《杂录上》，见《广东历代方志集成·广州府部（一一）》，岭南美术出版社2007年版，第786页。

边村有方道隆墓。明代丹灶村有康公庙（宝峰堂），孔边村有方氏大夫祠。清代洲广寨有周溪社学，石涌有磻溪社学，丹灶村有松桂社学、育材书社、佩瑶家塾。民国初年，孔边村有建纲家塾。洲广寨和大涡村清代建有文昌庙。广东省文物保护单位有孔边村方道隆、方献夫墓，佛山市文物保护单位有丹灶村仙井名泉。其他特色文物有丹灶村洗药井、无叶井、醒华学校遗址，孔边村圣旨石。墟市有珍丰市、丹灶上下市、庙边墟、孔边涌边墟。著名人物丹灶村有进士梁志文、泰国大使谢保樵博士、书法家梁子江、日本投降见证记者黎秀石，孔边村有武英殿大学士方献夫，大涡村有进士张大琨、张乔芬。现存著作有黎秀石《日本投降的前前后后》《见证日本投降》，黎秀石堂弟黎秀煊《史海寻览》，方献夫《西樵遗稿》《周易传义约说》。现存族谱有丹灶村《丹山谢氏世谱》、孔边村《南海丹桂方谱》。现存碑刻有孔边村《大板石乾隆石刻》。

1. 峰峦水迤宜丹灶

丹灶村"冈陵起伏"，"远衔樵岭，迩枕白云，葛井、仙泉左右映带"。❶ 近有村内金峰冈、白云山，远有村南约30里的西樵山。西有金峰冈西麓葛洪洗药井，东有村内的仙井名泉。据《南海县志》记载，洗药井相传为东晋葛洪开凿，用来洗药。南宋时"梁姓二世祖明远尝筑亭其上，名曰'丹亭'，盖取洗药炼丹之义云"，❷ 丹灶村葛洪建灶炼丹的传说就由此而

图3.9 丹灶村洗药井

---

❶ （民国）谢耀明等修《（民国）丹山谢氏世谱·同治六年改建大宗祠序》，见佛山市人民政府地方志办公室、广东省立中山图书馆编《佛山地区旧族（家）谱汇辑》第十三册，2014年，第16页。

❷ （清）郑荣修，桂坫纂：《（宣统）南海县志》卷四《舆地略三》，见《广东历代方志集成·广州府部（一四）》，岭南美术出版社2007年版，第144页。

来，村庄亦因此名为丹灶。如今"丹亭"已毁，而洗药井犹存。与洗药井相距不远的是无叶井，南海区境内仅有两个，另一个在西樵山碧云峰碧云村。《南海县志》称"井傍有大榕环列，葱郁阴翳，每风起，叶飞纷纷四散，从不堕井"。❶ 如今无叶井犹存，井傍大榕树亦在。榕树下不知何时埋有一块光绪二十年（1894）梁志文的进士旗杆夹石，与古老的仙井名泉风雨相伴。梁志文，字德昌，号伯尹，丹灶南村人（今丹灶城区）。考中进士后任吏部主事，后来在广州创办《安雅书局世说编》，与梁启超、梁撰时有"三梁"之称。丹灶村内有另外一口至今还在使用的古井，据说是丹灶建村时开凿，是村民日常用水的最主要来源，因此被称为"仙井名泉"，2015 年被列为佛山市第五批文物保护单位。

另据村中传说，金峰冈是葛洪当年的建灶炼丹之处，如今冈顶还有一块赭红色的疙瘩石，大致为椭圆形，直径 3 米左右，与保存在仙岗村的丹钵石质相似。石旁还有一块两三米见方的泥地，周围是茂盛的草木，这里却是寸草不生，有可能是当年炼丹遗留的重金属所致。不过该地已被整改，铺上新泥，种上草皮，融为绿化公园的一部分。

丹灶村以康公信仰为主，明代已经建有康公庙（宝峰堂），历来香火最为鼎盛。明代中后期卷席全国的大毁淫祠活动，丹灶村的康公庙竟然能保存下来，《南海县志》称"前明有宦粤者欲毁之，忽见数百蟒蜂蔽庙，遂止"，❷ 可见康公深得当地官民的信奉。据《重建宝峰堂庙碑记》记载，康公庙创建于成化十年（1474），后经多次重修。虽然后来只剩下地基，村民也广泛集资进行了重建。如今的宝峰堂已经焕然一新，依旧屹立在当年的位置之上。

丹灶村在元代已经有一定规模，据元朝《（大德）南海志》记载，丹灶村东官山涌上在元代已经有"丹灶渡"，商旅往来十分频繁。这里

---

❶（清）郑荣修，桂坫纂：《（宣统）南海县志》卷四《舆地略三》，见《广东历代方志集成·广州府部（一四）》，岭南美术出版社 2007 年版，第 144 页。

❷（清）郑梦玉等修，梁绍敏等纂：《（同治）南海县志》卷五《建置略二》，见《广东历代方志集成·广州府部（一一）》，岭南美术出版社 2007 年版，第 486 页。

后来发展成珍丰市，之后由于洪水从墟市中间冲决河堤，因此又分化为丹灶上市和丹灶下市。上市之北和下市之南跨过官山涌各有一桥，分别为上桥和下桥，形制都是河堤两边筑石墩、中间架长木板的"烟桥"。木板多用昆甸木制成，越浸水越坚韧，走在木板上会上下摇晃，但又不会断裂。这是最具岭南特色的水乡桥梁。中间架长木板为的是方便河道上的船通行，有船要过桥时，只要两人在桥墩上把木板抬起，船只就能顺利通过。平时则放下木板，供村民行走。如今这种岭南水乡烟桥还能在九江镇烟桥村看到。

丹灶墟在丹灶镇历史上并不算十分兴旺。但是由于地理位置特殊，水路便利，村落集中，建筑颇具规模，就像中华人民共和国成立初期南海县政府驻扎佛山镇李氏宗祠（桂园）、九江镇政府驻扎吴家大院一样，丹灶村的谢氏宗祠成为丹灶镇政府的驻地，吸引了周围商业前来聚集。同时也由于当时最为旺盛的竹迳墟地处山林，水路不通，以致日渐衰落，各种商铺多搬往丹灶墟，从而带动了丹灶墟的长足发展。

丹灶村是南海近代新式教育名村。光绪三十三年（1907），丹灶村海边坊黎佐瑶与堂兄黎佐镛共同创办了新式小学醒华学校，宗旨是"振兴教育，唤醒中华"。醒华学校学制七年半，设置了国文、算术、自然、历史、英语、音乐、劳作、体育等多种课程。共有 8 个教学班，全校在读人数超过 400 人，先后培养了几千名学生。除了教育丹灶子弟外，还吸引了西樵、小塘、三水等地学生前来求学。

黎佐瑶，字懋超，号琼笙，是佛山市一医院的前身巡道医学堂毕业生，他回到家乡丹灶开设了第一间西医诊所宣和堂，为乡亲治病。当时的校长是黎佐

图 3.10　醒华学校师生饮用井

瑶年仅 19 岁的三女黎悦娴（号蔼光，人称黎三姑），学校创办之前她在广州真光学校任教，后来回到家乡担任醒华学校校长，直至 1952 年醒华学校合并到丹灶中心小学为止。

黎佐镛，号涧笙，早年到美国打工，学会摄影之后回国，担任当时广州著名的十八甫黎镛照相馆经理，曾经参与《广东制造军械厂各厂机器图》的摄影，照片现在还能看到。他的儿子黎叙兰毕业于香港大学医学院，之后在广州夏葛女医学校（孙逸仙博士纪念医学院前身）任教多年。

黎叙兰的儿子黎秀石，是 1945 年 9 月 2 日在密苏里号军舰上见证日本投降签字的著名战地记者。他早年在醒华学校读过半年书，后来就读于燕京大学新闻学系。他具有十分强烈的爱国之心，"九一八事变"的那年春节，他就和十几个同学跟随辽吉黑后援会到热河省慰劳抗日战士。毕业后任职《大公报》，被派往伦敦、东京、大洋洲及东南亚各战场，在枪林弹雨中用生命来写新闻稿。1945 年 8 月 15 日日本终于无条件投降，黎秀石是当时在美舰密苏里号上见证日本投降的中国三位记者之一。关于日本投降，黎秀石写有《日本投降的前前后后》和《见证日本投降》两部著作，指出日本当时所谓无条件投降其实是"有条件投降"，投降的只是军队，而不是国家，与德国的国家投降有着本质的不同。因此，日本至今还保留了天皇和国体，为日本军国主义抬头埋下了祸根，贻害无穷。❶黎秀石在 1950 年之后，先后任教于广州培正中学、北京广播学院（中国传媒大学前身）、中山大学，主要讲授"英美报刊选读"，很受学生欢迎。他的儿子黎思恺也继承家学，协助黎秀石编写《英美报刊小品 101 篇》，现在是中国人民大学外语学院退休教授。

可见，丹灶村黎氏一家四代人都在不同的教育岗位培育英才，并在各自的领域中，为医学、新闻学、外语学等专业做出了令人瞩目的贡献。

---

❶ 黎秀石：《日本投降的前前后后》第七章《日本向盟军投降》，香港明报出版社有限公司 1995 年版，第 109 页。

当年醒华学校的校舍、水井遗址如今还保留在海边坊，并竖有纪念碑，见证着丹灶近代新式教育的盛举。

丹灶村内如今还有一座由康有为题额的佩瑶家塾，属于谢保樵博士家族所有。谢保樵早年就读于清华大学，后来留学美国，获霍金斯大学哲学博士学位。1921年起，担任过孙中山大元帅府秘书、立法院编译处处长，1948年任驻泰国大使。据村中长者介绍，佩瑶家塾的匾额就是谢保樵请康有为题写的，是目前仅见两块康有为题写的匾额之一，十分珍贵。其实，丹灶村谢家与苏村康家的关系可以追溯到康有为的高祖康辉。清代嘉庆年间，丹灶村谢清就已经师从康辉学习，康辉曾写有一首《门人谢藻池孝廉》诗，康有为题注指出："谢君，吾邑丹灶乡人，名清。"❶咸丰四年（1854）红巾乱起，康有为堂伯父康国熺又邀请丹灶村谢时辉共同组织同人局团练，保护地方平安，后来获赏六品顶戴。❷因此，谢保樵与康有为的关系是颇有渊源的家族世交，谢保樵能得到康有为的亲笔题额也是顺理成章的事。

2. 登显要而修礼节

在丹灶村西南面青草塱下的孔边村是明代阁老方献夫的家乡。

方献夫，字叔贤，号西樵，明代弘治十八年（1505）进士，官至礼部尚书、吏部尚书、武英殿大学士，入阁辅政，人称方阁老。《明史》卷一百九十六有传。他一生笃守理学，曾拜王阳明为师，是明代中期广东著名的理学家之一。方献夫曾经隐居西樵山十年，在天湖东面创建石泉书院，修筑登山百步梯，与霍韬、湛若水一起往来论学，使西樵名闻天下。他在西樵隐居的地方后来改称官山，他在广州居住的街道后来亦改称官禄巷（今称观绿路），对后世有非常大的影响。

---

❶（清）康辉《留芳集》，见康有为撰《不忍杂志汇编二》，广西师范出版社2016年版，第548页。
❷《（民国）丹山谢氏世谱·凤山房·十九世·谢时辉传》，见佛山市人民政府地方志办公室、广东省立中山图书馆编《佛山地区旧族（家）谱汇辑》第十三册，第33页。

直到嘉靖皇帝登基，被荐举为吏部考功司员外郎，方献夫才离开西樵山重新上京。当时正德皇帝无后，嘉靖皇帝是以地方藩王入主皇位的。内阁首辅杨廷和等人认为"兄终弟及"，嘉靖皇帝应该改换父母，称堂兄正德皇帝为父亲，亲生父亲为皇叔，以达到皇家"继嗣"的要求。但是，熟知宗法礼仪的方献夫认为不近人情，力主"继统不继嗣"之说，多次上疏讲明道理，与同仁霍韬等一起阻止了杨廷和等人的荒谬做法，得到嘉靖皇帝的嘉许。方献夫一生以清忠自许，以匡扶为志，办事严正不阿，论事屡得大体，因此得到皇帝信任，升为吏部尚书、武英殿大学士，办理内阁事务，位极人臣。卒后，皇帝为之停朝一日，赐谥文襄，赐葬西樵大冈。现在孔边村方献夫墓是20世纪80年代由大冈迁葬的，与元代方道隆墓一起，被公布为广东省文物保护单位。方献夫流传下来有两本著作《西樵遗稿》和《周易传义约说》，都被列为《四库全书存目》，现在已经整理为《方献夫集》，由上海古籍出版社出版。

图3.11 明代武英殿大学士方献夫墓

方献夫荣登显要，位高权重，孔边村方氏自然是南海的钟鸣鼎食之家，成为官宦频繁往来之地，耀目四方。明代广东著名方志学家、官至云南右布政使、光禄寺卿的南海进士郭棐，官至监察御史、江西右参政的九江进士陈万言，都是方家的常客。但是，方献夫并没有放纵子弟，恃势凌人，而是协助兄长方茂夫在元代广州路总管方道隆墓下创建方大夫祠，推选从兄方正夫为族长，统领全族；又编订《方氏家训》，教育子弟。因此，孔边村方氏明清以来建立了比较完善的乡事组织，形成了比较淳朴的乡风民俗。清代著名的岭南医药家西樵进士何梦瑶就曾经来孔边村坐馆授徒，后来还邀请该村方可大到家塾教育自己的子女，在当时享有很高的声望。

如今《南海丹桂方谱》是现存丹灶境内最为完善的族谱，举凡姓氏源流、世系、传记、祠堂、碑记、坟墓、墓志铭、尝业、家训、宸翰、诗文、雅集，皆一应俱全，完整地把方家历史上不同时期的宗族活动详细记录下来。

《南海丹桂方谱》当中的《方氏家训》，思深研精，说理精辟，气象宏大，而又平实简易，切实可用。其主旨十分明确，就是六经大义的平民化，"即小可见大，即浅可寓深，即近可通远"，❶把六经奥义化作平常生活的各种教条、规范，让平民百姓都能够通晓明白，并都能够遵守施行。而且十分贴近人情世故，曲尽道理原委，把世俗情态分析得十分准确、到位，是佛山市历史上十分优秀的传统家训，至今还有许多值得借鉴的地方。

方献夫当年创建的方大夫祠，前后五进，民间称为"五踏祠堂"，非常宏伟。由于年久失修，在20世纪50年代只剩下主体建筑。后来因兴建农田水利需要资金，而把该祠部分拆卖，至此已经不复存在。不过，如今孔边村还保存有明清各类祠堂十多所，大部分祠堂的渊源都在《南海丹桂方谱》中有记载。

孔边村旧时东、西两端建有北帝上庙和下庙，现在得到重建。北帝下庙旁有慈云寺和乡约，清代光绪年间还建有升平人瑞坊，现在只有一块圣旨石保存下来。北帝下庙往东不远处就是官山涌，有码头，可以坐船南下直达西樵山。民国年间，曾经短暂兴建过一个小型墟市。最为特别的是，北帝上庙东面有一棵大榕树，树下有一块大石板，石板上有刻线和文字，记载了清代康熙三十三年（1694）丹灶发大洪水的水位和情况，很有水利研究价值。

---

❶（清）方菁莪纂修：《南海丹桂方谱》，见《方氏家训序》，广西师范大学出版社2014年版，第1613页。

3. 一段维新前往事

官山涌北段主流两岸，历史上建有一些比较特别的庙宇，如在大涡乡建有南海神祠（南海广利神庙）；南丰乡建有三帝庙，祀文昌、关帝、医帝；石涌乡建有包公庙。《南海县志》还指出，石涌乡的北帝庙"有铁钟，声极清亮"。❶ 无不体现出这里信仰和建筑的独特之处。

磻溪社学在清光绪年间迁往横江墟之前一直建在石涌乡格木冈，格局比较完整，有楼祀文武二帝，下祀各乡列代祖先。沿涌两岸的大涡乡、墟边乡、隔涌乡也建有文昌庙，体现出对文教的重视。

石涌乡还在观音庙前建有庙边墟，三、六、九日趁，是现在石涌市场的前身。石涌有社学、有庙宇、有墟市，也是当时一个商旅汇聚之处。孙中山三民主义演讲手订记录稿，就曾经由近代民主革命家邓慕韩寄存在石涌张某家中。

在石涌乡南面不远处的大涡村，清代出过两位进士，一位是乾隆二十二年（1757）进士张大鲲，曾任山西省潞城县知县。他的进士旗杆夹石如今还竖立在张氏宗祠外。另一位是同治七年进士（1868）张乔芬，字舒琳，是李边村李应鸿同年（同治六年，1867）举人，曾任刑部主事、浙江补用道，他对康有为的戊戌变法有非常重要的反向推动作用。

张乔芬与康有为家族是三代世交，尤其与康有为堂伯父康国熺是莫逆之交。清代咸丰四年（1854）之后，康国熺主持同人局团练事务，还广开文会，邀请各乡文人参加，张乔芬就是这个时候结交康国熺的。张乔芬当时还是秀才，但是得到康国熺的赏识和提携。因此，张乔芬十分感恩。当康国熺被诬入狱时，他发誓要与康国熺的儿子一起上京鸣冤。后来得到荷村进士徐台英的多方营救，康国熺才得以清白释放。康国熺去世后，捐得三品官衔浙江补用道的张乔芬回到家乡主持同人局。这时刚刚考上举人的康有为也想在同人局中一展拳脚，与张乔芬发生争执，

---

❶ （清）郑梦玉等修，梁绍敏等纂：《（同治）南海县志》卷五《建置略二》，见《广东历代方志集成·广州府部（一一）》，岭南美术出版社2007年版，第486页。

说张乔芬包庇盗贼，劫掠乡民，还指使数百乡勇持刀劫持康有为。最终康有为夺得同人局管理权，以陈千秋主其事，陈千秋一年多后卸任，不久便辞世。康有为称"自礼吉（陈千秋）之死，吾恨之（张乔芬）深"。后来张、康各托京官互劾，惊动朝廷，牵涉甚广。最后，以广东巡抚查实张乔芬并没有纵容盗贼、康有为失意远走桂林告终。其实，康有为十分看重同人局的管理事务，把它看成是"中国地方自治之始"，"同人局事与中国事相终始"，与戊戌变法的性质并无二致。并把陈千秋的早卒说成是"殉同人局"，与戊戌六君子的殉难等同看待。他是"假同人局而试之"，❶试验他所构想的新社会制度是否可行。也就是说，张乔芬在与康有为的冲突中，客观上促进了康有为变法思想的进一步深化，让他的变法构想越来越清晰。

由此可见，官山涌主流及其支流银河涌两岸同样汇聚了丹灶镇的许多文物古迹和名人著作。目前，丹灶镇的全国重点文物保护单位康有为故居和广东省文物保护单位方道隆、方献夫墓都出现在这里。而且，银河涌还是丹灶文明的发源地，这里不仅有贝丘遗迹，还有商代窑址，人类活动的足迹可以追溯到大约5000年前。而维新领袖康有为的家乡苏村刚好在银河涌之滨，这绝对不是巧合。这充分表明，文化底蕴越深、历史渊源越长的地方，发明创造的能力也会越强。丹灶镇的这个光辉灿烂之地，可以称为"两涌文化带"。与上文所论述的"两江文化带"一起，共同组成了丹灶镇独具特色的"两江两涌"文化带。

---

❶（清）康有为：《我史》"光绪十九年癸巳三十六岁"，见姜义华、张荣华编校《康有为全集》第五册，中国人民大学出版社2007年版，第84页。

第四章

涌外不乏繁盛地

丹灶的文化发展带主要出现在河涌两岸。以北江、官山涌为主的两江两涌周围，是丹灶文明的发轫之地，基本上涵括了丹灶境内的绝大部分名胜古迹、乡贤名人和文献著作。但是，并不是说离开江河地带的其他区域就难图发展。实际上，丹灶历史上有两个远离水路的地方文教十分兴盛，商旅十分繁荣。一个是名人辈出的梅庄，影响着清代岭南学风的发展；另一个是盛极一时的竹迳墟，影响着康有为维新变法的路向。

第一节　山岗深处有梅庄

梅庄村坐落在丹灶镇西北端的一片山岗深处，与三水金竹村相邻。旧时名为庄头，据说因为该村名人冯成修曾经写的一首咏乡诗中有"新生明月挂梅丛"之句，因此又称庄头村为梅庄。梅庄村虽然深藏山岗之中，水路不通，路途遥远，但是规模并不小，人口也很多，还建有义学、义仓、义祀祠、文昌庙、北帝庙等，俨然自成天地，丝毫不比外界各村差。最为重要的是，在这个山窝之中总共走出了一位进士和七位举人，是一个文教十分兴旺的地方。当中，引领清代岭南学风的冯成修是该村的核心人物。

冯成修祖父冯肖孟，字扩德，号裕充。一生乐善好施，创立梅庄义学教育族人。冯肖孟长子冯彭年，仿照古制在梅庄村南创建义仓，作为救灾的准备。冯肖孟次子冯进年，字尧眉，是冯成修父亲，一直外出广西没有回来过。冯成修七岁丧母之后，就依附伯父冯彭年生活。

冯成修，字达天，号潜斋，清代乾隆四年（1739）进士，官至礼部祠祭司郎中、贵州学政。《清史稿》卷四百八十有传。清中叶岭南学风的引领者，曾任四川主考官，粤秀书院、粤华书院院长，造就人才极多，被称为"潜斋先生"。康有为高祖康煇曾经向冯成修请教，康有为祖父康赞修就是冯成修的三传弟子。冯成修在丹灶民间流传着许多故事，如诗中状元、白水塘村名字起源、风雨亭诗，等等，是丹灶民间最富传说色彩的人物。

梅庄冯氏也在冯成修的指引下走出了多位举人。他的长子冯斯衡是乾隆四十二年（1777）举人。长孙冯光谟，乾隆四十四年（1779）举人，知县。冯成修族子冯国倚，字磻泉，号觉林，在众多子弟中，冯成修最器重他。后来考中嘉庆三年（1798）举人，讲学于广州狮子禅林，并掌教八旗义学三十年，南庄探花罗文俊、翰林孔继勋、进士冼倬邦都是他的学生。冯成修次子冯斯伟，字振基，号小山，勇于任事，约于处己，曾主讲新安凤冈书院。考中嘉庆十八年（1813）举人，官至河南省南乐县知县。冯斯伟孙子冯椿，字轩初，号诵芬，官至福建顺昌县知县、直隶州知州。冯椿儿子冯葆廉，原名肇元，字冠镛，号伯容，同治元年（1862）举人，海南临高县训导，善楷书。冯葆廉儿子冯愿，字侗若，号狷斋，光绪二十三年（1897）举人，先后担任两广学务处官书编纂、图书科科长，是筹办广东省图书馆的主要负责人。冯愿的儿子冯执经，字独抱，历任吉林省通榆县县长、增城县财政局长、广东银行总行秘书、广东省政府参事等职。由此可见，梅庄冯氏从冯成修算起，到他的玄孙广东省政府参事冯执经，一共成就了九代书香，培养出一位进士、七位举人，还有不是举人的直隶州知州冯椿、通榆县县长冯执经，文教之盛，闻名遐迩，是很多村庄所难以企及的。

如今，冯成修的《养正要规》、冯愿的《孝经实践录》《狷斋丛钞》，以及劳潼撰、冯愿辑的《冯潜斋先生年谱》还保存下来。其中，作为佛山优秀传统家训，冯成修的《养正要规》已经被重新整理，收入《佛山家训》之中。冯愿的著作则分别收入《广州大典》和《清代稿抄本》中，有待整理出版。

第二节　盛极一时竹迳墟

竹迳墟地处竹迳村和伏水村交界的一片山岗脚下（现在樵丹路与工业大道交界处西南面），离东面的官山涌和西面的银河涌都有很大的一段距离，没有水路可通，只靠陆路往来。但是，地处偏僻的竹迳墟却是丹灶历史上最著名的墟市，自古商贾云集，趁墟的民众，络绎不绝。一般来说，丹灶的墟市基本上都是"三日趁"，如罗行墟是二、五、八，横江墟是一、四、七，庙边墟是三、六、九，即日期尾数为该三个数字的日子就是墟日。如二、五、八就是逢旧历初二、初五、初八、十二、十五、十八、二十二、二十五、二十八是墟日。其他以此类推。竹迳墟则"四日趁"，二、五、八、十都是墟日，其繁盛程度可见一斑。

旧时丹灶南部附近的乡民，几乎无人不知竹迳墟，并亲切地将其简称为迳墟。以前，丹灶上下市的繁华程度远远比不上竹迳墟。现在丹灶镇城区的许多商铺，大部分都是从衰落后的竹迳墟搬迁过去的。只可惜关于竹迳墟的记载并不多，相关资料也很少，现在已经难以知道当时的具体情况。1949年后竹迳墟逐渐废弃，曾经做过丹灶林场，也做过陶瓷厂房，现在是房地产开发区。

其实，最让竹迳墟闻名遐迩的不仅由于它的商旅繁华，更是由于设在墟内的同人社学。同人社学创立的时间不算很早，乾隆四十一年（1776）才由伏隆堡、丹桂堡二十二乡建立，比竹迳墟村西南面建于明代的苏村银塘社学要晚许多。不过，同人社学在当地民众中所拥有的威望，是丹灶镇内任何一所社学都无法比拟的。可以说，同人社学就是当时丹灶镇南部的乡事局，乡村之间发生的各种纷争，未达到呈交知县处理的级别，或者在呈交知县处理之前，都可以在这里进行公断判决；或者在知县审判之后，由同人社学监督执行。同人社学判决的结果，具有很高的权威性和法律效力，附近村民都十分信服。因此，康有为给予同人局很高评价（广东天地会骚乱之后，附近村民以同人社学为基础，设立同人局团练），将其称为"中国地方自治之始"，开创了中国地方自治制度之先。他还曾经亲力亲为，参与到同人局的管理事务中去。他与大涡进士张乔芬的冲突就发生在这里，对他未来的变法活动有非常重要的影响，他是把同人局的这场权力角逐当作维新变法预演看待的。可以说，同人局就是康有为寻求变法之路的重要试验之地。

对于竹迳墟的衰败，乡民大多表示是由于这里远离水路所致。但是，当年也是远离水路，为什么能够兴旺发达，汇聚四方商旅，成为丹灶南部的闻名墟市呢？其实，丹灶文化有水可以发展，没有水其实也并不妨碍它的长足发展。丹灶文化发展并不仅限一线，自古就是多元并发的。不在此处就在别处，丹灶的任何地方都有文化发展的可能。

第五章

延绵不息重传承

只有先天优越而没有后天努力，只讲地理条件而不讲人文沉淀，再兴盛的地方文化也会走向末路，这是特色地方文化发展的普遍规律。

丹灶文化既有地理特点，也有人文特点。地理上的水汇山聚，给丹灶文化的发展带来最大的良机，也为丹灶文化的人文沉淀创造了各种有利条件。而丹灶的人文沉淀又给丹灶文化提供长远发展的动力，让优良的地理环境得到最充分的利用，为丹灶文化注入足够的免疫力和再生能力，以抵御由于地理变迁所带来的一时兴衰，以及外界文化所带来的各种冲击，而不至于停步不前，甚至失去自己的文化主导性。

丹灶文化的人文特色主要表现在重传承和善开创两大方面。传承与创新永远分不开，没有继承就难以创新。一个人的力量是有限的，只有不断继承祖辈、乡贤的优秀品德和成果，才能在各自的领域改革创新、引领潮流，为家乡、为国家、为社会做出自己应有的贡献，实现自己人生的真正价值。

丹灶文化的传承特征主要有家族传承、非遗传承、旧名传承等多方面。

第一节 家族传承

丹灶历史上名人辈出，享誉全国。每一个名人的背后，基本上都承托着一个家族的努力和冀望，凝结着几代人的心血。最为特别的是，在丹灶历史上，有许多名人都是遗腹子，如明代武英殿大学士方献夫、清代贵州学政冯成修，有些名人则是幼年丧父，如维新领袖康有为，他们都是靠祖父或者伯父抚养成人。在这种情况下，家族的力量就显得特别重要。也就是说，他们所取得的成就，其实就是他们家族成员代代相承、不断积累的结果。他们是站在祖辈的肩膀上，沿着祖辈所开创的事业继续往前开拓创新。

1. 孔边村方献夫家族

方献夫是明代礼部尚书、吏部尚书、武英殿大学士、嘉靖首辅，是丹灶历史上官位最高的人物。方献夫家学渊源深厚，祖父方权，字用中，号亭秋，"自六经子史百家，以及天文、地理、医卜、技艺靡不研究"，[1]博闻强记，古今礼文度数沿革考证详明，被称为"方书柜"。父亲方遂，字允成，成化七年（1471）乙榜进士，官广西全州学正。可惜早逝，方献夫在方遂去世后二十多日才出生，全凭祖父方权教养。因此，方献夫能够准确把握"大礼议"的核心问题，当上礼部尚书，管理全国礼制，与祖父方权的礼学教育不无关系。

方献夫是明代广东著名理学家，一生十分注重命理之学，讲孝悌，睦宗族。他的亲哥哥方贵科也很讲求理学之道，十分仰慕北宋理学五子之一的邵雍，把他的像挂在自己居住的地方，每日参拜，并且制作一个牌匾，称为"亦邵窝"。又与兄弟方茂夫一起创建元代广州路总管方道

---

[1]（清）郭棐撰，黄国声、邓贵忠点校：《粤大记》卷二十二《方权传》，广东人民出版社2014年版，第709页。

图 5.1　南海博物馆藏方献夫书"岭海名家"

隆祠堂,"睦族教子,以为后式"。❶ 并援用北宋著名理学家邵雍的《邵康节先生诫子孙》作为家训,教育子弟。方献夫位极人臣,可以荫一子做官,他也把机会让给了兄长方贵科的儿子方芷,对兄弟十分厚爱和礼让。如果他们不是自幼得到了祖父、伯父们的关怀和爱护,是不可能对兄弟子侄有如此真挚的感情的。

虽然方献夫的直系子孙后来并不都是位居显要,但是,方献夫家族由此养成的良好风气在方家一直得到良好的传承。道光进士方翀亮,字荪壁,是当时南海著名的道德典范。他读书考进士,为的是让自己母亲过上好日子;当他母亲死后,他就绝意仕途,贫苦自处。虽然有豪门想把女儿嫁给他儿子,他也坚拒不应。仙岗村举人陈维新指出"荪壁先生高孤绝俗,为世钦仰"。❷ 作为赞美的对象,方翀亮的事迹后来被康有为写入《大同书》之中,流芳后世。

最为重要的是,各个时期的方氏后人都有一种自豪感和使命感,觉得自己有维护和发扬家族传统的义务,愿意为族内事务付出自己的努力。值得一提的是光绪二年(1876)举人方菁莪,他善书法,曾任崖州(今海南省三亚市)学正。现存光绪版《南海丹桂方谱》就是他主持编修的,《方氏家训》的许多新增内容亦出自他的手笔。如今孔边村方氏宗祠、

---

❶ (清)方茂夫:《侃斋公圹志》,见(清)方菁莪纂修,《南海丹桂方谱》,广西师范大学出版社2014年版,第1163页。
❷ (清)陈维新:《介侪方君传赞》,见(清)方菁莪纂修,《南海丹桂方谱》,广西师范大学出版社2014年版,第1715页。

肯堂方公祠等亦由他主持建造。可以说，孔边村方家的许多传统都由方菁莪接上，并发扬光大，流传下来。

2. 沙滘村何维柏家族

何维柏是明代万历年间南京礼部尚书，广东著名理学家。祖父何方。父亲何应初，字宗启，自幼是个大孝子。他父亲何方没有按时完成乡里安排的公务，将要受到鞭笞的处罚，何应初听闻之后立刻前往公堂请代父受罚，受到大家的赞赏。后来，何应初一心以教育子孙为务，先后把自己的两位儿子何维柏、何维椅培养成进士，世所罕见。当何维柏在福建按察使任上因弹劾严嵩被执下狱时，何维柏写信给他谢罪，他反而安慰何维柏说："这是儿子你应该做的事，我有什么遗憾呢！"十分支持何维柏的正确做法，虽然艰难险阻，也在所不辞。因此，何维柏一生正直，容不下奸贪险恶之事，先后弹劾严嵩专权、张居正徇私，疾恶如仇，是明代中期全国有名的大忠臣。

何维椅，字乔佐，别号二禺。受到何维柏的理学思想影响，自幼就"上接周程之传，近承阳明、白沙二先生之旨"，[1]考中隆庆二年

图 5.2 何沅重抄《天山草堂存稿》书影

---

[1] 《礼部祠祀司主事二禺何公行状》，见广东南雄珠玑巷后裔联谊会、南雄市政协文史资料委员会编《何氏渊源》1998 年，第 158 页。

(1568)进士,官至礼部祠祀司主事。为人也像何维柏一样,刚正不阿,奉公守法。可惜英年早逝,未能大展拳脚,为国效力。

清代以来,沙滘村何氏几代后人共同做了一件跨越百年的事情,就是不断抄写何维柏将近失传的《天山草堂存稿》,以及对已经失传的何维柏的诗歌进行辑佚。

何维柏的《天山草堂存稿》刻于明代万历年间,至清代中期之后逐渐少见,将近失传。因此,何氏后人开始对该书进行抄写。据记载,沙滘何氏后人至少抄了四部《天山草堂存稿》。目前,1946年被广东著名文献学家徐信符发现,后来藏在广东省立中山图书馆的"认真孤本"《天山草堂存稿》,虽然没有注明由谁抄写,但是每页书口都有"沙滘何氏家藏"的字样,可知就是出自沙滘何氏后人之手。考察该书避讳情况,应该抄于清代嘉庆年间。约一百年之后的光绪年间,沙滘另一何氏后人何沅,又重抄了两部《天山草堂存稿》,后来只剩下一套。直至2008年,才由保管者何正昌捐出来,抄本才得以重见天日。❶何正昌把抄本捐出后不久便去世,现在该抄本由何维柏的另一后人何树能保存。

何沅,字梦兰,堂号"秾矣草庐""知困斋",清末贡生。光绪十四年(1888),就是康有为第一次上书变法的那一年,与康有为同路,在上海坐轮船北上赴考。他将自己北上赴考的每一件事都写进日记当中,后来汇集为《北行日记》。由于该日记记载了北京南海会馆勤务、住宿、人事等相关情况,成为现在考证北京南海会馆有关制度的唯一可供参考之书,❷具有十分重要的史料价值。《北行日记》现在有两个版本,藏在广东省立中山图书馆的是稿本,被列为善本。另有一本由何正昌保管,是誊抄本,2008年才得以公开,现在也由何树能保存。

现存的何维柏《天山草堂存稿》其实只有文章的部分六卷,另外两卷诗在嘉庆年间抄写的时候已经散佚。清代咸丰年间,何维柏的后人何

---

❶ 麦凤庄:"尚书手写卷,四代传家宝",载《佛山日报》2008年10月25日B02版。

❷ 魏建科、蔡婉静、熊奏凯:《风云二百年:北京南海会馆》,广东人民出版社2016年版,第30页。

锡祥、何星衢、何澧堂、何藻青等人，从不同的书中分别对何维柏的诗歌进行了辑佚，汇编成《天山草堂诗存》一卷，由何锡祥的迪徽堂雕版刊刻。直到何沉时刊行本已经不多见。因此，何沉又抄了两部，现存一部，亦于2008年同时公布出来。

也就是说，从现存第一部《天山草堂存稿》开始算起到现在，该书最起码由两代人抄写、经过六代人的保管。另外还对散失的诗歌部分进行了辑佚，刊刻《天山草堂诗存》。直到刊行本又将近失传的时候，何沉又进行了抄写。这种对族祖著作的代代保存不失之心，世间罕见！由此看出，丹灶文化的生命力是如何的顽强和生生不息！

3. 梅庄村冯成修家族

冯成修是清代岭南的一代理学宗师，学者称之为"潜斋先生"，康有为祖父康赞修、伯祖康道修、堂伯祖康国熺和荷村进士徐台英、冯成修族孙冯湘，都是冯成修的三传弟子。冯成修之所以走上理学之路，其实与他祖父冯肖孟和伯父冯彭年的理学信仰不无关系。他的祖父冯肖孟，一生以《朱子家训》作为处世准则。他的伯父冯彭年（冯肖孟长子），一生笃信北宋五子的理学思想。冯成修幼年丧母之后，就一直依附伯父冯彭年生活，并得到祖父冯肖孟的教导，"先生以少失怙恃，茕茕在疚，悉赖胞伯提携而教育之"。❶也就是说，冯成修能够成

图5.3 冯成修《养正要规》书影

---

❶ （清）劳潼编《冯潜斋先生年谱》"乾隆十四年四十八岁"，见陈建华主编《广州大典》第191册，广州出版社2015年版，第515页。

为一代理学大师，其实是冯氏家族三代积累的结果。

后来冯成修也写了一部充满理学色彩的家训之作《养正要规》，全文凡十一篇，其中八篇为选录，三篇为自著。所选的篇目全部是著名的理学著作，如南宋朱熹《童蒙须知》《白鹿洞书院揭示》，朱熹学生程端蒙、董铢《程董二先生学则》，还有冯成修祖父冯肖孟一生遵循的明代理学家朱柏庐《治家格言》，并加按语表示"家家须录一篇以为法"。一方面可以看出冯成修的家学渊源；另一方面也表明了冯成修的治学理趣。至于冯成修自著的三篇，两篇为学约：《粤秀书院学约》和《黔南学政条约》。另外一篇是《学古堂家训》，指出这是"修身立德、保身保家之道"，应该加以重视，严格遵守。当中有许多值得后人深思、借鉴的地方，如"勿溺惑风水，拘泥阳宅、阴宅吉凶""勿听信道士、僧尼、女巫、异教打斋礼斗，念咒诵经"❶等，是端正人心、移风易俗的金玉良言。

冯氏后人都十分重视冯成修的《养正要规》。他的儿子冯斯伟是嘉庆举人，"教人以《养正要规》为法，不屑俗学"。❷冯斯伟的孙子冯椿在他儿子冯葆廉年幼时也用《养正要规》来教导他："葆廉甫就外传，家严日取先乡贤公手辑《养正要规》，以相训示。"❸冯葆廉是同治举人，据《南海县志》记载，他"十岁读成修《养正要规》，能领略大旨"。❹现在所见到的《养正要规》，就是他在同治五年（1866）重新刊刻的。刊刻之后，他还把《学古堂家训》独立抄出来放在村中家塾，作为教育冯氏子弟的准则。

不仅如此，冯葆廉还收集冯成修的遗书如《潜斋年谱》《略见集》《文基文式》等进行重新刊刻，流传后世。可惜如今这些书籍当中，除了《冯

---

❶ 陈恩维、吴劲雄编著：《佛山家训》，广东人民出版社2016年版，第143-144页。
❷ （清）郑梦玉等修，梁绍敏等纂：《（同治）南海县志》卷十三《冯斯伟传》，见《广东历代方志集成·广州府部（一一）》，岭南美术出版社2007年版，第589页。
❸ （清）冯葆廉《养正要规·跋》，同治五年广州西湖街华文堂刻本。
❹ （清）郑荣修，桂坫纂：《（宣统）南海县志》卷十五《冯葆廉传》，见《广东历代方志集成·广州府部（一四）》，岭南美术出版社2007年版，第389页。

潜斋先生年谱》，其他都已不存。《冯潜斋先生年谱》之所以独存，其实是冯成修玄孙同治举人冯葆廉对其进行重新辑校的结果。由此可见，冯成修的后世子孙不仅继承了家族的理学传统，把冯成修的《养正要规》作为学习的范本；而且还为保存冯成修的著作而不断翻刻流传。这种先后经历了八代人的卓绝继承之路，实在难能可贵。

此外，据《南海县志》❶记载，梅庄及由梅庄开支过去的冯村，每隔五年会在冯氏宗祠举行一次大型的祭祖活动。每次大祭，都"子姓咸集，虽远必至"，而且"庙中奔走，规矩秩然"，没有人敢造次。如果有人粗言秽语，口出狂言，必然受到严厉的呵责。但凡乡中的大事或者村民间的纷争，都在这时候处理。还有钱粮会，就是在上下忙收割之后，以三日为限交粮，逾期者一律受罚。因此"其乡三百年来无抗粮之民，无积欠之户""此风最为近古""亦可谓能自治者""闻此法为冯潜斋先生所定宗规"。也就是说，冯成修所定下的宗规传统，梅庄、冯村的后人竟然连续遵守了三百多年，冯成修之后梅庄总共走出了七位举人，由此看来，也就理所当然了。

4. 苏村康有为家族

康有为高祖康辉是改变苏村康家发展路向的重要人物。康辉之前，康氏家族几乎世代都在官署做地位低下的属员；而从康辉开始立志读书，成为儒者，从而为康家走出了一条世代传承的"教读之路"，对康家的发展路向有着非常重要的影响。

康辉，字文燿，号炳堂，嘉庆九年（1804）甲子科钦赐举人，是康家历史上第一位科举出身的人物。他一生以教读为主，尤其是他在"读"的方面，对康家后世子孙的影响最为巨大。这主要体现在两个方面：一为肄业粤秀书院，二为与冯成修为友。康辉在越秀书院跟从熊为霖院长

---

❶ （清）郑荣修、桂坫纂：《(宣统)南海县志》卷四《舆地略三》，见《广东历代方志集成·广州府部（一四）》，岭南美术出版社2007年版，第149页。

受业，并拜清代岭南著名诗家冯敏昌为师。后来，康辉的孙子康赞修又在越秀书院肄业，与朱九江同在西樵松塘村进士区玉章院长门下，这与康辉的影响不无关系。而康赞修在越秀书院认识了朱九江，也为康有为将来跟从朱九江学习圣贤大道提供了最好的机缘。此外，康辉与冯成修是同乡，当时冯成修也是越秀书院的院长之一，康辉也经常向他请教。后来，康辉的孙子康道修、康国熺、康赞修都成为冯成修名正言顺的三传弟子，最初根源，也要从康辉说起。因此，康有为称"吾家门范自公起"。❶

康以乾，字赞修，号述之，以字行。他是康辉的孙子，康有为祖父。是康家历史上第一位通过科举考试考上举人的人物。他秉承祖父康辉的教读传统，以举人任钦州学正、连州训导，历主龙门、海门、东坡等书院讲席，又任羊城书院监院，培养门徒，教诲子弟，对康有为的成长有着最为直接的影响。康有为父亲康达初去世早，康有为"八岁从先祖于广府学宫孝弟祠讲舍受诗书，十一岁后三年侍先祖连州学署受文史学，长侍于羊城书院外馆。至年二十，光绪丁丑五月，先祖乃逝。枕席盥馈，日以古贤哲忠孝言行为训，熏香育德，皆自庭训。"❷也就是说，康有为是在康赞修的抚育下成长的，他的早期求学之路，几乎都由康赞修为他铺设。

康国熺，字懿修，别号种芝，又自号六太居士。他对康有为有两方面的影响。一方面，康家以康国熺藏书最多，让康有为幼时有大量典籍可读。康有为就曾经表示："种芝公购书数万卷，为少猎群书，皆饮公赐"。❸他十几岁就跟从康国熺的儿子康达节在家乡学习经书："从叔父达节，为种芝伯祖子，后补教谕，妙解诗文，为曾从受经。"❹另一方面，康国熺是康有为父亲康达初的老师，而康国熺的儿子康达节又是康有

---

❶❷（清）康有为：《述德诗》五十首，见姜义华、张荣华编校《康有为全集》第十二册，中国人民大学出版社 2007 年版，第 295 页。

❸ 同上书，第 296 页。

❹（清）康赞修："闻节侄幸列岁考府案首喜而勉之"康有为题注，见（清）康有为：《不忍杂志汇编三》，广西师范大学出版社 2016 年，第 1039 页。

为的老师，康国熺对康有为的早年求学之路同样有着不可忽视的潜移作用。此外，康国熺咸丰年间在同人社学与游显廷、陈维新等人创立同人局，组建团练，保卫家乡。同人局是当时南海县第一个乡勇团练组织，声势最为浩大。而且，管理颇有章法，擒贼亦多有成效，在当时享有很高的威望。因此，附近三水、高要等县都有人邀请康国熺过去处理事务。康有为评价同人局是"中国地方自治之始"。当他考中举人之后，也开始参与同人局的管理，并为之筹集经费，购买书籍，为建立书院做准备。但是，由于管理权归属问题，康有为与大涡村进士张乔芬产生纠纷，上演了一场剑拔弩张的主权争夺战，以致惊动朝廷，要广东巡抚出面调停。后来，康有为指出这场同人局管理权争夺事件与治理中国没有什么区别，"治同人局与中国真未有以异哉！……盖自癸未至戊戌，同人局事与中国事相终始，其乍成乍败皆相类。"❶ 并把陈千秋的早卒说成是"殉同人局"，与戊戌六君子的殉国等同看待。在康有为眼中，同人局事件就是一场戊戌小变法，与戊戌变法的性质并没有差异。也就是说，康有为的戊戌变法是以家乡同人局为起点的。这一切，正是从他的从祖康国熺开始。

图 5.4 康国熺《六太居士集》书影

康有为的变法运动，不仅自己参与，他的亲弟弟康广仁也为之四处奔走。康有溥，字广仁，号幼博。曾经在浙江做过小官吏，因不满官场

---

❶ （清）康有为：《我史》"光绪十九年癸巳三十六岁"，见姜义华、张荣华编校《康有为全集》第五册，中国人民大学出版社 2007 年版，第 84 页。

腐败而愤然辞官。后来在澳门办过《知新报》，倡导新知识。后来积极响应康有为的变法运动，认为中国民智不开全在八股禁锢所致，因此强烈主张废除科举制度，建立新式学堂，教育人才。这些主张在戊戌变法期间都一一得以实现。1898年9月戊戌变法失败，他慷慨就义，以身殉国，是著名的戊戌六君子之一。

不仅如此，康有为的两位女儿康同薇、康同璧，也受到变法思想影响，与父亲康有为一起积极参与变法运动。康同薇，字文僴，号薇君，自小得到康有为的悉心教导，成为一名出色的报刊主笔。后来她担任澳门《新知报》的主笔和翻译，撰有《论中国之衰由于士气不振》《女学利弊说》等著名文章，积极宣传变法思想。并且为康有为做日、英翻译，康有为呈交光绪皇帝的变法名著《日本变政考》以及《日本书目志》，都是在康同薇的帮助下才得以完成的。她还利用帮康有为编书的有关材料，结合自己的学术关注点，撰写了《日本变法由游侠义愤考》，对鼓舞国内士气十分有激励作用。1898年，康同薇还与梁启超妻子李慧仙等人在上海创立《女学报》，这是近代中国最早的由女性主办的以妇女为阅读对象的报刊，具有十分重要的划时代意义。戊戌变法之后，康同薇与康有为的弟子麦仲华结婚。麦仲华，字曼宜，号曼殊室主人，顺德人，是康有为得意弟子麦孟华的弟弟。他们的家学渊源也非常深厚，子孙中就读清华大学、北京大学，以及出国获得英、美博士学士的不在少数。如儿子麦健曾是哥伦比亚大学经济学博士，后任清华大学与上海交通大学教授；女儿麦倩曾是华中师院教育系教授，孙子麦继强也是香港中文大学生物系教授，等等。

康同璧，字文佩，号华鬘，中国著名女权领袖之一，是中国第一个官派出席世界妇女大会的妇女代表。她先后就读于美国哈佛大学和哥伦比亚大学。在美国读书期间，陪伴父亲康有为游遍欧美大陆。回国后，任万国妇女会会长、中国妇女大会会长。1949年，在傅作义召开的华北七省参议会上，她被推选为妇女代表，与解放军商谈和平解放北平的事宜。1949年后，任中央文史馆官员，致力于整理康有为遗著工作，编有《康南海先生年谱续编》和《万木草堂遗稿》（油印本，未正式出版），对了解康有为生平，进行康有为研究意义非常重大。康同璧的丈夫是梁启超的得意门生宝安县人（今深圳）罗昌，字文仲。曾在英国牛津大学留学，归国后获得举人头衔，成为北京大学外语系教授，是民国时期的资深外交家和法学家。他们的儿子罗荣邦，燕京大学毕业后留学美国，获得美国伯克莱加州大学博士学位，是美国戴维斯加州大学著名的中国古代海权史专家。他从小就帮助外公康有为翻译英语，编写《诸天讲》。后于1976年出版英文版《康有为传记和论丛》（美国亚利桑亚大学出版社），并编有《南海康有为先生著作总目》（《中华文史论丛》1983年第2辑），是国外康有为研究的重要先驱。

还有康有为的孙子康保延，他是康有为儿子康同籛的儿子，任台北文化大学教授。曾经为《康有为先生文集》写序（见《岭南文史》1994年第3期），并写有《康南海的二三事》（见王德明《百年家族康有为》前序，台湾立绪事业文化公司2002年），以康有为亲孙子的身份写下了不少有关康有为的轶事。

也就是说，康有为的早期读书之路从他的高祖康煇开始已经有了大致的方向，而在他的祖父康赞修那里得到了明确的指导和从师指引；而他关于戊戌变法的地方自治制度，则又从他伯祖康国熺同人局那里得到了极大的启发。换言之，康有为最终走上变法之路，是受到他的家族几代人不断影响的结果。而康有为的子孙后代，同样走出了多位业界名人和大学教授，表明苏村康家的人才培养并不仅限于康有为一人身上，而是在高峰之后依然是波澜壮阔，人才辈出。表明了这种家学传统十分深厚，文化的延续历久常新。

5. 良登村陈澹浦家族

陈澹浦是近代中国第一台机器缫丝机的制造者，这台缫丝机是与他的两个儿子陈桃川、陈廉川共同研制出来的。因此，从陈澹浦父子开始，精湛的机器制造技术已经成为他们的家族传统，陈家的许多后人都是机器制造业的能手。陈桃川1886年在十三行创立了均和安机器厂，培养了近3000名技术工人，人称"机器老人"。我国第一台柴油机的制造者他的宗侄陈拔廷，早年就是在他的机器厂中工作的。

陈澹浦二子陈濂川的三位儿子都是广州著名的建造业佼佼者。长子陈伯纯，曾经主持广州天字码头的建造。次子陈子卿到过香港学习，在祖父的陈联泰机器厂成立设计部，生产出蒸汽机客轮"江波号"，打破外国轮船对珠江水路客运的垄断。三子陈淦业，在顺德勒流创办德祥锅炉厂，专门制造锅炉机械。陈子卿的第四子、第五子陈允泗、陈允流亦继续从事机械制造工作。他的孙子陈家强早年在陈拔廷的协同和机器厂当技工，后来成为工程师。陈淦业儿子陈允耀，开设德祥船务公司，专门制造拖轮。他的孙子陈家钿早年是公和祥机器厂的技工，后来也成为出色的工程师。

由此可见，良登村陈澹浦家族从五金店开始，起码经过了五代人的不断传承，先后制造过缫丝机、轮船、锅炉、拖船等机器，几乎囊括了当时各种常见的机械。他们家族当时在广州开设的各种厂房，后来多成为广州著名机器厂的前身，并一直延续至今，充分体现了丹灶文化代代传承的强大力量。

6. 苏村潘应元家族

苏村潘氏是近代广州著名的洋服制作世家。1917年孙中山宣誓就任海陆军大元帅时所穿的服装就是由潘应元制作的。潘应元，字皓朋，是晚清著名裁缝，与兄长潘参元在广州永汉路（今北京路）开设美利洋服公司，完成了孙中山大元帅服的制作。其实，苏村潘家制作洋服的历史十分悠久，光绪年间潘应元父亲潘维照、潘荣照兄弟几人，就在广州高第西街开设永和祥皮草店。后来潘维照另在高第街创办广州第一家洋服店"元发",派遣潘应元等人去日本、印度尼西亚学习。潘应元等人后来成为著名的"海归"师傅,技艺相当精湛。潘氏后人还有多人继续从事洋服制作,几代人累计超过50人,如羊城服装厂长子潘济,东升雨衣厂潘新,广州服装工业公司潘炽棠,香港怡安泰洋服店潘沛棠,在美国纽约开设服装厂的潘洁芳,等等。苏村潘家的服装事业以广州为中心,辐射中国香港和美国,是名副其实的洋服世家。

第二节 非遗传承

丹灶镇目前拥有非物质文化遗产项目7个。其中佛山市级非遗项目4个:葛洪传说、仙岗村烧番塔、龙舟说唱、南海竹编;南海区级非遗项目3个:传统龙舟(丹灶扒龙舟)、盲公话、西联神诞。当中的葛洪传说、盲公话和西联神诞是丹灶镇最具特色的非遗项目,是其他地方所没有的。

1. 葛洪传说

葛洪,字稚川,自号抱朴子,东晋丹阳郡句容县(今江苏省句容市)人。他的父亲葛悌,曾任邵陵太守,在他十三岁时去世。葛洪虽然生活贫苦,但是好学不辍,为了换取读书的纸笔,经常上山打柴来卖。他的从祖葛玄,在三国吴时期学道得仙,号曰"葛仙公"。他的炼

图 5.5 仙湖无极养生园葛洪像

丹秘术由弟子郑隐继承。葛洪就拜郑隐为师，得到了他的真传。听说南海太守鲍玄医术高明，葛洪又向他学习，得到他的器重，还把女儿鲍靓嫁给他为妻。葛洪先后多次来过南海，一次是想做广州刺史嵇含的军事参军，停留在广州几年，当时的广州就是现在的南海、番禺一带。晚年想去句容县（今广西北流县），因广州刺史邓岳阻留，就隐居罗浮山，"欲炼丹以祈遐寿"，直至逝世。

葛洪一生著作极多，现在保留下来的有《抱朴子》《涉史随笔》《西京杂记》《肘后备急方》《神仙传》等。其《肘后备急方》当中的青蒿素提取法启发了我国著名中医药科学家屠呦呦，让她获得了我国第一个诺贝尔医学奖，把中医药文化推广到全世界。

据《南海县志》记载，丹灶村西村坊南房前冈麓有一个洗药井，"相传晋葛稚川开凿，用以洗药"，"井深不及数尺，水泉清冽，常满溢出，新汲煮茗，凉沁心脾"。❶洗药井如今还保留下来，不过由于附近建筑地基较高而显得有些低矮。在洗药井附近还有无叶井、仙井名泉，都是丹灶村内历史悠久的古井，与洗药井一起共同组成了丹灶村丰富的地下水网，为葛洪的洗药炼丹提供了充分的水资源保障。

洗药井东面是金峰岗，相传是葛洪当年建灶炼丹的地方。如今村内还保留有一个硕大无比的石质丹钵（借给南海博物馆展览之后放在仙岗村），岗顶有一块赭红色的椭圆形疙瘩石，石旁一片寸草不生的泥地，与周围茂盛的草木形成鲜明对比，应该是当年炼丹遗留下来的重金属所致。

丹灶村虽然以"丹灶"命名，拥有众多葛洪炼丹的遗迹，但是没有建葛仙专祠，也没有葛仙信仰。仙岗村关于葛洪炼丹的遗迹并不如丹灶村多，但是却建有南海境内少见的葛仙祠；而且村南还有两口著名的流水井，左右相对，有蟹眼泉之称，是附近村民汲水煮茗的首选之地。也

---

❶ （清）郑荣修，桂坫纂：《（宣统）南海县志》卷四《舆地略三》，见《广东历代方志集成·广州府部（一四）》，岭南美术出版社2007年版，第144页。

就是说，以仙名村、建有葛仙专祠的仙岗村，应该也曾经留下过葛洪的足迹。丹灶村与仙岗村，应该就是葛洪当年在南海采药炼丹的主要活动区域。

这个炼丹胜地的原住居民，为了追寻葛洪当年采药炼丹的神奇足迹，纪念他悬壶济世的卓越贡献，就把这里叫作丹灶村，后来还作为丹灶镇的总称。而且不断收集、整理葛洪当年在这里的各种踪迹和故事，以葛洪为主题，建立无极养生园，立有葛洪像，设有国医馆，不定期向各界人士宣讲葛洪的功德，宣传中医药文化。2007年，"葛洪传说"被列为南海区第一批非物质文化遗产名录；2017年，被列为佛山市第六批市级非物质文化遗产项目名录。从此，葛洪传说得到社会各界的认同，丹灶社会也找到了自己的历史根源，以千年古镇的姿态走上了全新的发展之路。

2. 仙岗村烧番塔

烧番塔，又叫燃番塔灯、烧梵塔、烧瓦塔、烧瓦子灯、烧花塔、燃塔灯、烧宝塔、烧塔、烧浮屠等，是流行在中国南方大部分地区的中秋民俗活动。目前，在广东、福建、湖南、江西、浙江等省的地方史志中都有相关记载。

从烧番塔的别称"烧梵塔"可知，梵就是佛，烧番塔其实就是烧佛塔。北宋徐铉《说文新附》指出：塔，"西域浮屠也"。[1] 浮屠就是梵语宝塔的意思，中国历史上所谓的塔专指佛塔。江西《南城县志》称："中秋……童子架瓦片，如浮屠式，焚薪其中，谓之烧瓦子灯。"[2] 当中所谓"如浮屠式"，表明了番塔的"番"指的就是浮屠，也就是佛。烧的方式主要是，八月十五中秋，儿童把瓦片叠成佛塔的形状，放柴在里面烧，

---

[1] （宋）发云编《翻译名义集》卷七《寺塔坛幢篇》，见张元济辑《四部丛刊初编·子部》，上海商务印书馆1926年版，第7页。

[2] （清）李人镜修，梅体萱纂：《（同治）南城县志》卷一之四《风俗》，见《中国地方志集成·江西府县志辑55》，江苏古籍出版社1996年版，第99页。

因此也称为烧瓦子灯。也就是说，中秋晚上所烧的番塔，其实属于一种灯，与中秋风俗打灯笼、猜灯谜的性质有些相近，主要是儿童游玩的节目。

目前，广东最早记载烧番塔的文献是明末清初番禺著名学者屈大均的《广东新语》："八月十五之夕，儿童燃番塔灯，持柚火，踏歌于道，曰：'洒乐仔，洒乐儿，无咋糜。'塔累碎瓦为之，象花塔者其灯多，象光塔者其灯少。"❶ 柚火就是柚子灯，八月十五燃番塔灯是与柚子灯一起玩的。番塔灯有两种，一种"象花塔"，花塔就是广州六榕寺的佛塔；一种"象光塔"，光塔是广州怀圣寺的伊斯兰塔。由于都是外来宗教的塔，因此统称番塔，比江西、湖南等地的专指佛塔的范围更加广泛。而且还有歌唱，据《东莞县志》："咋音谢，闽人呼食为咋。言当洒乐，无徒吃食也。"❷ 可知这首歌应该是福建的歌曲，意思是开心地玩，不要只顾着吃。据此，当时广州地区的燃番塔灯有可能是从福建传过来的。

清代《南海县志》也有燃番塔灯的记载："中秋夕，招摇赏月……儿童燃番塔灯，持柚灯，踏歌于道。塔累碎瓦为之。"❸ 与屈大均记载的广州地区的风俗基本相同。在民间，燃番塔灯似乎更多地直呼为烧番塔，顺德龙山、四会等地的史志都是称作烧番塔的。

图5.6　仙岗村烧番塔

---

❶（清）屈大均：《广东新语》卷九《事语·拾灯》，中华书局2006年版，第301页。
❷（清）郭文炳修、张朝绅、李作楫纂：《（康熙）东莞县志》卷二《风俗》，见《广东历代方志集成·广州府部（二二）》，岭南美术出版社2007年版，第420页。
❸（清）潘尚楫修、邓士宪等纂：《（道光）南海县志》卷八《舆地略四》，见《广东历代方志集成·广州府部（一四）》，岭南美术出版社2007年版，第195页。

番塔由底座砌起，砖与砖之间留有适当空隙，逐渐往上收拢，直至塔顶只剩下一个小孔。塔座留有送稻秆等柴火的通道，待柴火点燃之后，可以用长竹竿捅起熊熊燃烧的柴火，激起火星往塔外四窜，"自下至杪，望若火树"，❶场面十分壮观！有些地方还会往塔中撒盐，顿时火花迸发，像烧烟花般好看。

以前主要用碎瓦砌成的番塔，现在基本转换为砖头。以前主要是儿童玩乐的活动，现在基本变成是成年人的工作。以前的番塔是不使用石灰生砌，现在则为了追求番塔更高、更大、更稳，烧起来更为壮观，底座部分基本由水泥砌造。以前一般只有两三米高的番塔，现在动辄使用几千块砖头，砌成的番塔约有10米高。

至于烧番塔的意义所在，历史文献没有具体记载。有些地方认为是辟邪，有些地方认为是庆祝，有些地方认为就是中秋的儿童游戏，还有些说是元末民间举火为号抗元，类似于烽火台。更有说法是为了纪念清代抗法英雄烧死"番鬼佬"。但是，这种说法无论从烧番塔起源的时间还是番塔的本义来说，都是不可信的。现在民间更倾向于认为，烧番塔是比高、比火星旺，祈求粮食丰收、生活美好。

以前的南海乡间基本上每条村都有烧番塔的中秋庆祝活动，后来多逐渐消失。而仙岗村的中秋烧番塔活动则一直保留了下来，并且得到了越来越多的民众参与。丹灶镇也开展了一系列宣传和表演活动让这一传统民间习俗得到有效的传承和发展，如把"番塔燃情浪漫中秋欢乐夜"作为2011年第八届康有为文化节活动开幕式，丹灶医院舞蹈队2012年排练了体艺健美节目《烧番塔韵》，2013年又在仙岗村庙会上进行精彩的现场表演，等等。因此，2012年10月，"仙岗村烧番塔"被南海区列为第四批区级非物质文化遗产名录，2017年，又入选佛山市第六批市级非物质文化遗产项目名录，让优秀的南海中秋传统民俗得以发挥更加

---

❶ （民国）萧家修等修，欧阳绍祁纂：《（民国）分宜县志》卷十四，见《中国方志丛书》华中地方第一七三号，台北成文出版社有限公司1975年版，第2105页。

迷人的魅力。

3. 龙舟说唱

龙舟说唱又称为唱龙舟、龙舟歌，简称为龙舟，它是一种流行于珠江三角洲地区的民间说唱艺术。不过，龙舟说唱并不专门在端午节表演，表演场地也不在龙舟上，它与龙舟的关系似乎不太明显。可能由于龙舟说唱艺人多在表演时手执一支顶头上装有龙船模型的拄杖作为装饰；也有说法称，龙舟说唱来源于端午节人们向龙王爷口唱消灾纳福、驱邪保境的颂词，所以称为龙舟说唱。但是，这种龙舟模型装饰并不是每一个艺人都有，后来也逐渐简化，只在身上挂一个小鼓和一个小锣而已。而且，从目前龙舟说唱的演唱艺术来看，它的形式似乎与木鱼歌更为接近。

图 5.7 陈毅、梁棠玲、何绪堂表演的龙舟说唱《有为故里更有为》

《佛山历史文化辞典》称，龙舟说唱的起源有两个：一个相传清乾隆年间，一个原籍顺德龙江乡的破落子弟首创了这种说唱体的龙舟歌。另一个相传是作为明末清初天地会反清复明的暗号。不过，龙舟说唱的艺人主要是在节庆日子，尤其是春节期间，挨家挨户上门唱歌、说书，以讨钱、讨米的贫苦大众为主，类似于"乞儿歌"。[1] 因此，破落子弟首创的说法似乎更接近事实，而不一定与什么反清复明等民族大义有关。

龙舟说唱一般来说有两种形式，节庆日挨家挨户上门唱简短颂词是

---

[1] 谢中元：《走向"后申遗时期"的佛山非遗传承与保护研究》，中山大学出版社 2015 年版，第 100 页。

一种；另一种是由多人组成团队，演唱具有较长篇幅的故事或者传说。一般是把木鱼歌剧本根据艺人的表演需要分为许多段落，一场演唱一段；或者只节选精彩部分进行演唱。这种形式已经粗具曲艺的舞台特征，有的甚至被粤剧吸收，演变为乐曲的一个曲牌。

龙舟说唱一般以七言韵文为基本句式，四句为一组，类似于七言绝句。演绎的内容非常广泛，有历史故事、民间传说、戏曲剧本、神怪传奇、寓言，甚至当前发生的各种时事等，都可以成为说唱的内容。演唱者不仅字正腔圆，抑扬顿挫，富有生活气息；还能根据不同场景即时创作歌词，十分应景，很受平民大众的欢迎。因此，龙舟说唱不仅是民间娱乐消遣的主要节目，民国初期的政界人士还会邀请龙舟说唱艺人为他们的主张做宣传，或者作为现场的插科打诨，活跃气氛，这样会更容易得到民众的理解和接受。

由于龙舟说唱艺人一般都不识字，他们创作或者演唱的歌词基本没有纸本记载，艺人都是靠记诵来进行表演，靠口耳相传来进行教学。因此，保留下来的歌词并不是很多。现在所见的龙舟说唱歌词专集《龙舟歌》，是对龙舟说唱进行抢救性保护的时候，由说唱艺人复述记录下来的，总共收录了《风流佳话》《三戏宣王》等40多首曲目。后来，由于粤剧对龙舟说唱的吸收，粤剧艺人也创作了部分新说唱曲目；一些文化工作者也根据工作需要创作了一些新曲目，并搬上舞台，进行舞台化表演，反响非常热烈。

龙舟说唱的演唱节奏比较程式化和单一，因此，锣鼓的辅助演奏功能就显得比较重要。一锣一鼓的乐器虽然简单，但是，如果敲打不好，就会影响到整个说唱的效果和韵味。另外，木雕龙舟的装饰性也比较重要，可以说是龙舟说唱的象征性物件。虽然后来逐渐简化，但是在初期的演唱中还是需要龙舟的衬托和装饰，以增加演唱的气氛和效果。

不过，曾经有一段时间龙舟说唱被认为是不合时宜的封建残留旧物，他们的演唱活动受到各种限制甚至禁止演唱；另外，随着社会的发展，民众的娱乐方式越来越丰富多样，表演形式比较单一的龙舟说唱已经不能满足广大民众的娱乐需求。因此，龙舟说唱曾经陷入失传的边沿，职业艺人也越来越少见。

如今，作为珠三角地区的优秀民间说唱艺术，龙舟说唱重新得到了社会各界的重视，积极投入到发掘、保护、传承的工作中去。丹灶镇自古以来就是龙舟说唱的重要发展区域，目前还有少数艺人懂得龙舟说唱。2006年，在丹灶镇"庆重阳"文化艺晚会上，退休老人张星辉表演的《扶贫助困情义浓》使在丹灶沉寂多年的龙舟说唱重新登上舞台，焕发悠久的传统魅力。2010年，丹灶镇文化站亦于站内艺术培训中心和丹灶二小分别设立了龙舟说唱传习所和培训基地，开展了一系列培训、教学和表演活动。2007年3月，丹灶镇龙舟说唱被南海区列为区级非物质文化遗产名录，同年被佛山市公布为市级非物质文化遗产项目，让龙舟说唱这个优秀传统项目得到更好的传承和发展。

4. 南海竹编

罗行墟位于南沙涌东岸，金沙中部偏西的区域。所在地古称冲霞乡，南北范围有十几里远。罗行墟的前身是冲霞沿涌各乡同建于康熙二十七年（1688）的里南墟。《南海县志》指出："墟内以织造竹货为大宗"，"店铺相连，约二百余家"。❶ 就连近代中国最著名、最具社会影

图5.8　南海竹编

---

❶ （清）郑荣修，桂坫纂：《（宣统）南海县志》卷六《建置略》，见《广东历代方志集成·广州府部（一四）》，岭南美术出版社2007年版，第196页。

响力的报纸《申报》也报道过罗行墟的竹器制造、交易情况。光绪十九年二月二十日（1893年4月6日）的《申报》（上海版）指出："广东南海县黄鼎司属，有箩行墟焉。附近之红门楼乡杜姓及海口乡麦姓，多以织造竹箩为业，织成则载往墟中发卖。每逢墟期，肩竹箩入市者相属于道，墟遂因是得名。"❶罗（箩）行墟附近的红门楼、海口等村，就是冲霞乡的下属村庄，许多村民都从事竹箩织造业，织好之后就会趁墟日拿到罗（箩）行墟售卖，摩肩接踵，墟市十分兴旺，罗（箩）行墟的名称就由此而来，寓意制造、出售箩筐等竹器之地。中华人民共和国成立后则称为罗行。

　　由于罗行墟的竹器制造业经过了约300年的发展，积累了丰富的生产经验，掌握了精湛的编织技术，能够十分熟练地把粗糙的毛竹削成竹条，去除竹条内的白色脆软层，留下坚韧的青竹皮，根据不同的竹器类型，把细长的竹篾一圈一圈地编织成器。所以生产规模日益扩大，产品的种类和规格日益增多，民众平常生活的许多竹制日用品，大至粮仓的谷围，挑担用的箩筐，小至碗口大小的淘米筲箕等皆一应俱全。因此，吸引了广东、广西两省如广州、三水、顺德、高明、中山、怀集、四会、广宁、藤县等附近州县的客户前来进行竹器交易，是珠江三角洲地区著名的竹器生产、销售集散地。

　　不过，由于行业的逐渐发展庞大，必然会产生各种利益的冲突，《申报》也对这种情况做了说明："嗣见乡人托业日多，不免有鸡鹜相争之虑，爰就箩式之大小分作数等，两姓各专其一，毋相搀夺，行之已有年矣。"针对这种情形，罗（箩）行墟早在光绪八年（1882）就建有十股公所，订下了相关的竹器行规，根据竹器式样的大小分为十个不同的品类，每条村庄只允许生产一种属于规定范围内的竹器，不能擅自织造未经许可的其他器具来售卖。因此，罗行墟附近各乡形成了各自的竹器织造特色，如西岸村谷箩、高斛村箩、甘斛村酒脚、何家村茜、西杜村蟹

---

❶ 光绪十九年二月二十日（1893年4月6日）《申报》第7167号（上海版）《械斗记》。

掩、杜家村桑箩，等等，保证了罗行墟竹器制造业的良性发展。

为了适应罗行竹器的生产、销售要求，罗行墟的位置、码头、建筑等都独具特色。罗行墟在1949年以前一直建在鼎安围的外围，虽然会受到洪水的影响，但也得到了水涨便于运输的好处。码头就是一片滩涂，并没有全部砌成石阶，为的是方便毛竹的卸载，卸载之后可以在沙质土地上打滑，节省力气，方便拉扯搬运。作坊都是几米宽、几十米长的房子，便于堆放竹子。可以说，罗行墟就是一个为竹编行业量身订造的特殊之地。

不过，随着社会经济的不断发展，各种各样新式塑胶、铁、不锈钢等器具逐渐取代了竹器制品的位置，让竹制品失去了市场，竹器从业者的生存越来越艰难，导致许多从业人员逐渐转行从事其他工作。现在，罗行墟的竹器厂已经为数不多，懂得编织竹器的人也很少编织竹器了。有鉴于此，罗行社区及各级有关部门十分重视罗行竹器制作工艺的传承和发展，分别在罗行社区和罗行小学、金沙中心幼儿园设立了"南海竹编传习所"和培训基地，大力支持南海竹编传统工艺者的编织、创作工作，积极鼓励新人学习竹编的制作。南海竹编也由原来的生活竹器、生产工具制作转变为竹器艺术品制作，如制作花瓶、动物、水果等，精美绝伦，栩栩如生，让传统的南海竹编工艺走上了全新的发展之路。因此，南海竹编2012年10月被列为南海区第四批区级非物质文化遗产，2013年3月被佛山市公布为市级非物质文化遗产。

5. 丹灶扒龙舟

龙舟竞渡在中国是拥有两千多年历史的民间传统运动，尤其盛行于水网纵横、河涌密布的南方地区。后来，东南亚国家也开展了相关的龙舟活动，使龙舟竞渡慢慢地成为一个世界性的运动项目。

珠江三角洲地区自古以来就是著名的岭南水乡，大至江河、小至内涌，水路四通八达，既为农业生产提供了得天独厚的地理条件，也为龙

图 5.9　丹灶传统扒龙舟比赛

舟竞渡的发展营造了良好的氛围。每逢夏、秋的喜庆节日，大江南北必然锣鼓震天，人声鼎沸。装饰有龙头、龙尾的扁长龙舟在齐整的木浆一起一伏间疾速飞驰，荡起的浪花高过人头，一浪接一浪，只为奋勇向前，力争上游。

南海地处珠江三角洲的腹地，龙舟竞渡的传统自古有之，气氛十分浓厚。区内不同的地方，还在悠久的龙舟传统中形成了各具特色的不同竞渡方式，展现着各地不同的竞技风采。如盐步老龙，讲求的是地位尊贵，装饰华丽，每年端午期间，会溯江而上，到广州泮塘拜会干儿子"小龙"，形成了独特的龙舟礼俗。桂城叠滘龙舟盛事，由于在弯曲的河涌内比拼，因此不仅要求船小，还讲求转弯时的"漂移"，形成了独特的弯道龙舟。九江滨临西江，河道辽阔，可以容纳大船，人数在十几人到几十人不等，可以装载更多的饰物，锣鼓、旗帜、罗伞等应有尽有，形成了大船竞速龙舟。

丹灶镇地处西、北两江汇流之下，外有大江，内有河涌，地理环境与盐步、桂城、九江等地不尽相同，因此形成了独特的五人竞渡龙舟。

五人龙舟有龙舟马拉松之称，要在几十公里的河道里回环往复，与对手在水里进行 2~3 小时的周旋。因此，丹灶特色的传统五人龙舟考验的不只是速度，更多的是考验运动员的耐力。只有耐力坚厚者才能冲破龙门，取得最终的胜利。这种充满乡土激情和耐力比拼的运动，锻炼了丹灶人民艰苦拼搏的精神，一直激励着后人奋勇向前。

五人龙舟的船形制相对比较短小，省略了龙头、龙尾、罗伞、旗帜、锣鼓等饰件，看上去与农用艇有些相似，实用性更加强，体现了丹灶人的朴素风貌。船上没有锣鼓并不表示现场没有锣鼓呐喊，只不过敲锣打鼓的职责由船上变成了岸上。这种角色的分工可以让岸上的观众更加投入，在水里、岸上之间形成一种良好的互动，现场的竞技气氛会因此而变得更加浓厚热烈。此外，还形成了与龙舟竞渡有关的起龙、食龙舟饭、洗龙舟水等多种习俗。而龙舟赛的奖品整只大烧猪、黑埕大烧酒，整齐排列在颁奖处，场面壮观，更是丹灶居民对于家乡龙舟挥之不去的深深记忆。

传统龙舟活动在丹灶拥有非常深厚的群众基础，几乎每一个村子都有自己的龙舟队，大部分村民都懂得扒龙舟。丹灶政府对于本土的龙舟运动也十分重视，自 1999 年起，定于每年 9 月 29 日举办大型的赛龙舟活动（后来康有为文化节的五人龙舟赛则三年举行一次）。2010 年出台了《丹灶镇推动龙舟运动发展扶持办法》，明确了对村、组、协会等自发组织的龙舟赛事及参加国家、省、市、区各级比赛的财政经费支持。2011 年，丹灶民间自发组建了龙舟协会，并建成常态化的下安村龙舟训练基地。目前有罗镇天、龙成、新溪、开心等龙舟俱乐部，会员接近 300 人。2012 年，由国家体育总局和南海区政府共建的"中国龙舟示范基地——丹灶比赛基地"落户丹灶仙湖，是南海区内专门的龙舟比赛场地（九江的国家龙舟示范基地则是训练基地）。至此，丹灶拥有的龙舟竞赛及训练区水面约 1440 亩，设有国际级五人龙竞赛及训练区、世界一流的国际标准龙舟赛场、小型龙（五人龙）竞赛场地训练场，逐渐成为南海、佛山旅游文化节的亮丽品牌活动之一。

此外，除了政府部门组织的定期大型龙舟赛外，各乡村也会自发组织一些不定期的五人龙舟赛事，邀请附近村庄甚至其他镇街的龙舟队进行比拼，互相切磋，在友好的比赛中增进扒龙舟的技艺。

2012年10月，"传统龙舟（丹灶扒龙舟）"被南海区列为第四批区级非物质文化遗产扩展项目名录，让丹灶传统龙舟运动的传承和发展得到更好的保障。

6. 盲公话

盲公话是流行在丹灶镇赤磡村的一种中国古代传统反切隐语。在我国，反切隐语的使用几乎遍布全国各地，无论大江南北，都有出现。这是一种小团体内部使用的秘密语，通过传统汉字的"反切"方式对词语进行加密。一般是把一个字拆分为两个字，上字取声母，下字取韵母，再重新拼为一个新的读音。为了体现秘密性，反切隐语会把规律颠倒过来，上字取韵母，下字取声母。而有些复杂的反切隐语还会把三个字拼为一字，盲公话基本上都是两字拼一字，相对较为简单。但是，如果不懂得其中的拼音规律，外人一般比较难听懂。

在广东，这种传统的反切隐语普遍存在。粤西地区有廉江良垌镇"燕语"，粤东地区有揭西棉湖秘密语，珠三角地区有广州的"燕子语"、东莞的"盲佬话"和南海的"盲公话"。《中国隐语行话大辞典》把广州的燕子话称作"广州反切语"，东莞的盲佬话称作"东莞反切语"。因此，作为南海境内仅存的反切隐语，丹灶盲公话其实可以称为"南海反切语"。现在全国各地的方言研究者经过调查研究之后发

图 5.10　赤磡村村民用盲公话交谈

现，反切隐语基本在盲人群体或者社会底层人士中流通。因此，普遍认为反切隐语多由盲人所创，正如东莞叫作"盲佬话"、南海叫作"盲公话"那样。

反切隐语都是以当地的方言语音为基础来进行重新拼音的，因此，虽然广州燕子语和东莞盲佬话与南海盲公话的拼音规律基本一样，都是两字拼一字。但是，由于三种语音依靠的基音不同，它们拼出的读音会存在许多差异。

据赤磡村村民介绍，盲公话已经在村内流行了超过一百年，最早是由广州郊区的燕子话传过来的。不过，丹灶的盲公话是以丹灶方言为拼音基础的一种反切隐语，与当时广州的燕子语发音有些不同，只有懂得丹灶话、又懂得拼音规律的人才听得懂。因此，丹灶盲公话可以简单地理解为丹灶话的拼音反切，是把一个字的声母和韵母分开，再倒过来读，就成了盲公话。比如，食饭，盲公话读作"力属烂甩"，十分有趣。盲公话在特定的场合，比如，出门在外或者谈生意，在公共场合传递一些不为人知的信息，可以保证价格、条件等信息不让顾客或者其他人听见，具有很高的秘密性。

广州的燕子话现在已经几乎不存在，东莞的盲佬话由于1949年以后有北方官员任职东莞，听不懂东莞话，更听不懂盲佬话，因此明文禁止民间使用，东莞盲佬话就因此中断过一段时间。丹灶盲公话在历史上官方并没有禁止过，但是在特定的历史时期由于赤磡村村民担心外人听不懂会产生一些对自己不必要的不利影响，因此几乎集体"失语"，在公共场合几乎不再使用，导致20世纪六七十年代以后出生的村民已经大多不会说，语言的传承受到很大的影响。据赤磡村的三位盲公话传承人统计，现在村内能说盲公话的人已经为数不多了。

近年来，盲公话这种濒临消失的隐语逐步受到社会各界的高度关注，丹灶广播电视站、文化站一直都在做宣传、介绍等工作，丹灶文化站二楼建有盲公话传习所，内设培训室和演示室，不定期向青少年或语言爱好者开展讲座、培训等活动。群众还把盲公话排练小品节目搬上康有为文化节的舞台，供观众欣赏。此外，丹灶镇内外的语言专业人士，如中山大学的研究生、佛山科学技术学院的教师等，从语言学的角度，对盲公话进行了专业、细致的研究，写成相关研究报告，得到了社会的广泛关注。2007年，盲公话被列为南海区第一批非物质文化遗产名录，丹灶盲公话的传承和发展进入了一个全新的阶段。

7. 西联神诞

神诞是我国民间一种非常重要的民俗活动。顾名思义，神诞就是神仙或者历史上某位著名人物的生日。民间会在神诞日以庙宇为中心举办各种活动进行庆祝。有些地方还会在神诞日举办大型的庙会，抬神像出游、打醮、祭祀、唱戏、杂技、舞狮子、舞龙、摆卖，等等，齐齐上演，参与的人员众多，场面非常热闹。

位于珠江三角洲富庶之地的丹灶，明清以来也盛行着一种独特的"神诞"活动。丹灶的这种神诞与一般意义上的神诞有所不同。一般的神诞注重祭神的仪式，主要是酬神。丹灶神诞则在祭神的仪式之外更加注重与众同乐，酬神的同时也在酬客。丹灶民众会在神诞当日大开宴席，准备各种精美的佳肴，邀请亲戚朋友在家中聚餐，共度良辰。如唐代诗人孟浩然《过故人庄》所说的那样"故人具鸡黍，邀我至田家……开轩面场圃，把酒话桑麻"。

丹灶神诞的成因和时间，现在没有准确的文字资料记载。据民间的说法，丹灶镇内各村都有自己所信奉的神，各村会为该神建有香火庙，以保一方平安，并祈求风调雨顺，兴旺发达。在该神的神诞当日，村民会举行各种庆祝活动，如蒸松糕，准备佳肴、水果，带上元宝蜡烛香到庙拜神；抬神像出游，俗称"游乡"；狮子逐家逐户上门祝贺，名为"采青"。最重要的环节就是在家准备宴席，包括午餐和晚餐，邀请各方亲友一起，欢聚一堂。

丹灶每个村几乎都有香火庙，就像每个村都有祠堂一样，祠堂是敬祖祭祀之所，香火庙是信仰寄托之地，是村内必不可少的公共建筑。据现存某些香火庙的碑刻记载，大部分建在清代初期，少部分建在明代。一般是村庄财力、物力积累到一定阶段的时候才建造的。丹灶的神诞活动应该在香火庙建造之后才正式流行起来的。

图 5.11　西联神诞宴请宾客场景

每一个村的信仰不同，建造的香火庙也不同，每个村可以有多间不同的神庙，但是香火庙一般只有一间，奉祀神诞活动的那一位神仙。丹灶境内最常见的是北帝庙，三月三神诞，如西城村、仙岗村、涡北村。康公庙，七月七神诞，如丹灶村、沙岸村。天后庙，三月廿三神诞，如苏村、沙墩胡村。华光庙，九月廿八神诞，如心溪村、马沙村等。还有一些比较小众的神诞，如镇南村禾婆诞、上滘村九相公诞等。有些村虽然有香火庙，但是却没有神诞的宴席活动，如大果村，建有三忠庙，有传统意义上的神诞祭祀、游乡等活动，但不开宴席，与同为信奉三忠的杨家不同，杨家会在三忠诞二月廿二宴请亲友。

这种独特的神诞庆祝活动，不只丹灶镇有，丹灶镇附近的西樵、三水白坭也有相关的民俗庆祝活动。不过以丹灶最为流行。尤其是 20 世纪 90 年代前后，丹灶神诞走向高潮，宴席越来越高级，鲍鱼、洋酒，应有尽有。有些还会在附近酒楼设宴，环境更加优美。有些村民也不再自己烹饪，而是请流动酒席代办，味道、菜式更加多样。村委会还会在神诞前后三日，礼请粤剧团搭台唱戏，增加了喜庆的气氛。赴宴者不需太过讲求登门之礼，只要带上水果作为见面礼就行。而东家一般只会拿起两个水果，其他则全部叫宾客带回去。神诞当日，村中车水马龙，热闹非凡，是春节之外亲朋可以团聚的又一重要日子。这天，还会吸引小贩到村中摆卖玩具、水果，已经有点像小型庙会了。

可惜高潮过后是沉寂，由于时代变迁，许多乡村逐渐取消了神诞的宴请活动，祭神村民各自去祭，聚餐只保留在村民之内，一家大小，无论外嫁女、外出谋生者，都可以在神诞当晚到祠堂用餐。烹调基本由餐饮公司外包，费用由村民委员会支付。如今还完整保留这种民俗的，西联社区属下的乡村最为集中。为了对这种独特的民间风俗进行保护，2012年10月，西联神诞被南海区列为第四批区级非物质文化遗产项目，希望在仅存之地能够传承下去，让广大的丹灶民众记住这个乡间民俗。

第三节　旧名传承

除了那些古今相延、没有改变的村庄名称外，丹灶镇境内还保留了许多形形色色的历史旧名。这些流传下来的旧名使用主要有三种情况，第一种是地名，第二种是路名，第三种是桥名。它们都是把曾经在丹灶历史上出现过的名称加以活化使用，对新的事物、建筑、街道等进行命名，让人们通过名字就能知道某段曾经发生在这里的历史，等于用当下记住过去。

1. 地名传承

坐落在竹迳墟的同人社学（同人局）由于经常为丹灶南部附近乡村处理各种纷争，因此，近代以来，就把同人社学范围内各乡村统称为同人乡。这个名称一直使用到1949年以后，直到被丹灶乡所取代。

现在丹灶镇的名称丹灶，就是从丹灶乡衍化而来。丹灶镇政府最早的驻点设在丹灶村谢氏宗祠，丹灶村附近的丹灶上下市被规划成镇的中心城区，因此沿用了丹灶作为镇名。丹灶，其实就是葛洪曾经设灶炼丹的地方，具有非常悠久的历史和深厚的文化底蕴。

现在的仙湖，以前叫作赤磡水库，由于在仙岗行政村内，附近留有葛洪曾经采药炼丹的足迹，因此1993年改称仙湖。

丹灶村东官山涌沿岸的大片土地，现在辟为珍丰公园，珍丰的名字就是来自这里曾经建有的市集"珍丰市"（丹灶上市的前身）。

现在以横江墟为中心的社区名为"云溪"，曾经出现过云溪派出所、云溪酒家、云溪幼儿园等名称。现在，云溪派出所、云溪幼儿园的名字还在使用，横江墟的银行，也都称为某某银行云溪支行。云溪的名称，在设立社区之前已经被官方、民间接受而得到广泛使用。它的来源，其实是附近区域历史上所属的堡的名字的合称。横江墟附近有三个堡：登俊堡、登云堡、磻溪堡。后来三堡各取一字，把这里统称为"俊云溪"。之后登俊堡地划归金沙管理，因此减去登俊堡，简称为"云溪"。

旧丹横公路北段有一个名为"风雨亭"的地方，这里确实曾经建有一个风雨亭，为过往群众遮风挡雨。后来亭毁而名存，一直使用到现在。

2. 路名传承

丹灶镇境内最具地名保护性的是现在罗行墟"鼎安路"。作为历史旧名的鼎安，最早设立的时候是南海县的一个都，不仅包括现在南海的西部片区，还包括顺德西片的部分区域，区域十分广阔。顺德温如适《通修鼎安各堤记》指出："南海县治西南百余里有都曰鼎安，其堡凡十有八，当顺德未置县时，龙山、龙江皆鼎安属也。"[1]清代之后，缩减为鼎安堡，大小不到原来的1/30，只是现在金沙的西南部南沙涌沿岸地区。民国以来取消堡的制度，鼎安这个名称就只留存在鼎安围上。20

---

[1] （清）温汝能：《龙山乡志》卷十一《杂文》，见《中国地方志集成·乡镇志专辑31》，江苏古籍出版社1992年版，第183页。

世纪 90 年代罗行墟升级改造，建设新马路，就把南北贯穿罗行新墟的马路命名为"鼎安路"。从此，曾经的古旧地名又赋予了全新的生命。

旧丹横路经过石涌的路段，现在名为"磻溪路"，因为这条路贯穿了曾经的磻溪堡全境，故有此称。

丹灶城区在升级改造时开辟了一条东西主干道，命名为有为大道，既是对丹灶著名乡贤康有为的纪念，也是对创造丹灶美好未来的一个寄望。

3. 桥名传承

苏村西南面，跨越银河、接通苏村与湾头的银河桥，建于清代，现在已经坍塌，只在银河两岸各留下一个废弃的石墩。村民在原来银河桥的北面不远处，建起了一座现代化水泥新桥，依然横跨银河、贯通两地，并沿用了原来的名字，称为"银河桥"。

大杏地处丹灶、西樵、白坭三镇之交，清代在银河涌上建有横跨南北的抱龙桥。后来桥旧毁坏，于是在旁边重建了新桥，跨度更大、结构更稳，是连接丹灶、西樵、白坭三地的最主要通道。桥改了但是名字没有改，还是称作"抱龙桥"。现在，抱龙桥不仅只是一座桥，还已经扩大为一个地名，指抱龙桥附近的区域。

由上文论述可知，方献夫之所以能成为武英殿大学士、嘉靖首辅，是得到了他祖父方权（人称方书柜）的培育所致；他的父亲方用中高中乙榜进士，也是他祖父悉心培育的结果。冯成修之所以能成为岭南理学宗师，是受到了他祖父冯肖孟、伯父冯彭年笃信理学的影响；冯成修的后人也一直笃守他的《养正要规》，把该书作为修身、教学之本，并不断翻刻，流传后世。康有为之所以能成为维新领袖，是从他高祖康辉以教读为生开始已经埋下了伏笔，他的祖父因此肄业越秀书院，在越秀书院与朱九江同门，为康有为将来的求学之路指明了方向。而且，康赞修兄弟三人都是冯成修的四传弟子，康有为父亲康达初及康有为自己，都在康赞修、康国熺兄弟的悉心教导下成长。因此，康有为最终走上维新之路，不仅与家族传承有关，还与丹灶的学统传承密切相关。维新活动就是在丹灶这片神奇的土壤下培育出来的特殊产物。

丹灶现在的7个非物质文化遗产项目，葛洪传说、仙岗村烧番塔、龙舟说唱、南海竹编、丹灶扒龙舟、盲公话、西联神诞，无不体现着丹灶乡土风俗的独特之处，是丹灶历代先贤代代相传的劳动结晶。历史旧名也是如此，在除旧纳新之际，丹灶民众还是很自觉地遵循传统，把历史的沿革融入新生的事物当中，让后人能够在名称里找到旧时的印记，可以借此追寻曾经发生在这里的各种往事。

也就是说，丹灶过往所取得的许多辉煌成就都是在传承积累中发展而来的，只要传承不息，积累不断，便可薪火相传，取得更高的成就，创造出更美好的未来。

第六章

引领风尚善开拓

开拓创新往往是以传承为基础的。丹灶镇历代先贤善于继承,所以也善于创新。一个人的力量有限,但是站在先祖辈的肩膀上就能让一个人知道得更多、看得更远,做出更多前所未有的事业。丹灶历代许多先贤都具有敏锐的触觉,能够预先感知世运的兴衰、时局的动向,紧紧抓住时代的脉搏,对社会的发展态势做出准确的判断,为未来的正确路向寻找出路。而且,一旦立下决心就坚定不移,死而后已。

丹灶的开拓创新事业主要有个人领域创新和社会事业创新两大方面,涉及政治、军事、学术、环保、工业、商业、建筑、医疗等多个方面。

第一节 个体创新

丹灶镇自古以来出了许多人才,他们都在各自的领域内不断艰苦奋斗，为推动社会的进步而不懈努力，开拓出前人所未曾做过的惊世事业，为家乡、为社会做出了卓绝的贡献，并一直影响到现在，激励着后代丹灶人继承前志，砥砺向前，创造出更大的辉煌。

1. 维新救亡

天下兴亡，匹夫有责。每当世运转变、国家危亡之际，总会有心怀家国的丹灶人挺身而出，走在时代的最前列，为国计民生疾首呼吁，为国家大事献计献策，不断努力，寻找出路。甚至在危难关头，不惜牺牲自己的生命来换取国家前途的一片光明。

早在东晋年间，著名的道教学者葛洪看到北方战火频繁，贵为关内侯的他察知"天下已乱"，认为不可久居是非之地，于是多次来到南方，躲避战乱，专心钻研炼丹之术，寻找廉价的治病之方，以缓解世间的各种民生疾苦。丹灶曾经是他的重要中转之地，在他定居罗浮山之前，已经踏遍了这里的山山水水，为他的炼丹工作积累了重要的经验。如今，他当年洗药炼丹的"洗药井"与拯救世人于水深火热之中的精神一起留在了丹灶。

孔边村武英殿大学士方献夫生活在明代正德、嘉靖两朝之间，考上进士之后就隐居西樵山潜修教学。但是，他身在江湖而心在魏阙，对于嘉靖继承正德的皇位之后如何称呼正德皇帝和自己亲生父母的"大礼"问题却丝毫不含糊。当听到杨廷和等人要嘉靖皇帝认正德皇帝为父亲时，立刻上疏指出"先王制礼，本缘人情。君子论事，当究名实。窃见近日礼官所议有未合乎人情、未当乎名实者"。❶如果嘉靖皇帝以正德皇帝为父亲，那么嘉靖皇帝的亲生父亲就没有了儿子而绝后，这是不符合人情的。所谓"上行而下效"，官方的做法会是平民百姓仿效的对象，将对整个国家将来的父子关系造成不利的影响。所以建议嘉靖皇帝"继统而不继嗣"，他的亲生父亲"兴献当称帝而不称宗"，只继承皇位，而不

---

❶ （清）张廷玉等：《明史》一百九十六《方献夫传》，中华书局1974年版，第5186页。

必要认不是亲生父亲的正德皇帝为父亲。这种说法受到当时主政者杨廷和等人的攻击，说方献夫这是故意迎合嘉靖皇帝的媚俗做法。但是方献夫并不气馁，细化了原来的想法，写成大礼上、下二论，继续主张"继统而不继嗣"的观点。还与同乡霍韬一起联名上疏，讲明道理，最后得到了嘉靖皇帝的接受。一场改变明代政治格局的"大礼议"事件，终于在方献夫等人的共同努力下摆正了方向。

沙滘村南京礼部尚书何维柏，一生赤胆忠肝，疾恶如仇，任职福建按察使时，看到嘉靖首辅严嵩与其子严世蕃结党营私，扰乱朝政，何维柏"首疏其奸，比之李林甫、卢杞"，是当时第一个上疏弹劾严嵩的大臣，比明代第一忠臣杨继盛、海瑞的弹劾还要早。因此皇帝震怒，诏逮下狱，备极拷掠，而何维柏面不改色，依然坚持认为严嵩"窃权误国"。还安慰前来送别的学生说："予虑定而后发，人臣之义，自当如是。生何哭为？"❶当时福建民众写下了几十首歌谣歌颂何维柏不屈不挠的忠贞大节，后来编成《诫征录》流传后世。这本书大概散佚于清代中后期，经过何维柏后人何锡祥、何沆等人的重抄而得以保存。现在，唯独何沆重抄本保留在何维柏的家乡沙滘村中。

苏村近代中国维新运动领袖康有为，"天资瑰异，古今学术无所不通，坚于自信，每有创论，常开风气之先。初言改制，次论大同，谓太平世必可坐致，终悟天人一体之理。"❷康有为生活在多灾多难的晚清，当时中国积贫积弱，经常受到外国列强的欺辱，亡国之势，岌岌可危。而康有为自小就有冲破一切不合时宜、遏制天性、阻碍发展的陈旧做法的品格，他结婚的时候认为乡间戏新妇的风俗有违男女有别的礼仪，因此坚守房门，不准乡民入内；乡间裹足的陋习严重残害女性的身体，因此从不为他的女儿们裹足；认为旧学的许多东西不能满足当前的社会发展需

---

❶ （明）郭棐撰，黄国声，邓贵忠点校：《粤大记》卷十四《何维柏传》，广东人民出版社 2014 年版，第 395 页。

❷ （民国）赵尔巽：《清史稿》卷四百七十三《康有为传》，中华书局 1977 年版，第 12833 页。

求，因此开设书舍，兼讲西学。1888年，鉴于中法战争的失败，被迫签订不平等条约，时在北京参加举人考试的康有为随即上书光绪皇帝，主张"变成法""通下情""慎左右"，首次以书面的形式向皇帝提出变法。1895年，李鸿章与日本签订了丧权辱国的《中日马关条约》，割让辽东半岛及台湾省给日本，再次激起了时刻关注国家存亡的康有为的愤怒，与正在北京应试的十八省举人发起"公车上书"，表示严正反对。1898年3月，中德又订立《胶澳租界条约》，迫中国租出胶州湾。法国亦向清政府提出"租借"广州湾（今广东湛江）的无理要求。5月，英国又迫使李鸿章签署《展拓香港界址专条》，租借新界。康有为认为中国存亡在旦夕之间，不断向光绪皇帝进呈他与弟子们精心编撰的《新学伪经考》《俄罗斯大彼得政变记》《日本变政考》，得到光绪皇帝的接见，正式实行变法。"诏定科举新章，罢四书文，改试策论，立京师大学堂、译书局，兴农学，奖新书新器，改各省书院为学校"，等等，让国势有所增强，面貌焕然一新。虽然，戊戌变法由于慈禧太后的干预而惨遭失败。但是，作为中国近代第一次民主主义改革运动，戊戌变法让变法救国的思想在全国各地广泛传播，警醒了世人，促进了近代中国社会改革事业的大步向前。而康有为的亲弟弟康广仁，还在戊戌变法运动中慷慨就义，以身殉国，为国家献出了宝贵的生命。

1911年4月，中国同盟会发起推翻清政府腐败统治的广州起义，攻占总督署，在东辕门外遭到水师提督李准派来的北洋军镇压，惨遭失败，林觉民、喻培伦等革命志士壮烈牺牲，被安葬在黄花岗，史称"七十二烈士"。在这场惨烈的战役当中，丹灶镇共有9人壮烈牺牲，分别是苏村陈才、陈福，良登村罗干、罗进、罗遇坤、罗联，西城村游寿，大涡村黄鹤鸣，丽山村陈春，他们将英魂永驻，千古流芳！

上良村国民革命军第六十四军军长陈公侠，字丹白，自小能文能武，1917年考入保定陆军军官学校学习，与我国著名军事家叶挺是同学。毕业后任国民政府驻粤部队营长，参加了第二次东征，讨伐军阀邓本殿。1937年，抗日战争爆发，陈公侠任六十四军第一五五师中将师长，向陇海铁路罗王砦日军进攻，战况惨烈，他的亲弟弟陈公任壮烈牺牲。最后攻陷日军阵地，歼灭日军3000多人，得到军政部长何应钦的嘉许。随后参加了武汉保卫战，又回广东参加粤北会战，战绩彪炳，得到国民政府颁授"铜军"旗帜。1940年3月，陈公侠率领六十四军与第十六集团军一起发动对桂南日军的春季进攻，经过几番沐血激战，才收复南宁，把日军赶出桂南，重新把中国的抗战后方联合起来，获赠干城甲种一等奖章。1944年陈公侠因伤病辞去军长职位。1945年抗日胜利之后，回到家乡，捐资创办光华学校，并任名誉校长，上良村子弟都可以免费入学读书。陈公侠一生与日军交战大大小小超过一百多场，基本上都能在日军的疯狂进攻下守住阵地，保卫国家。

原中国第二机械工业部副部长周秩，早年在金陵大学肄业，1938年抗日战争期间在延安学习，并参加八路军。1940年正式加入中国共产党，担任八路军文化教员、政治部宣传科科长。解放战争胜利之后，毅然投身异国，积极参加抗美援朝战争，担任中国人民志愿军政治部秘书处处长，捍御外敌，保护国家，被授予上校军衔。周秩抗美援朝结束后回国，与苏联核工业专家一起组建四〇四核工厂，并担任第一任厂长和党委书记，成功研制出我国第一颗原子弹，打破了欧美国家对原子弹技术的垄断，初步缓解了外国列强对我国进行核武器打击的威胁。之后任国家第二机械工业部副部长，直至退休。周秩的一生经历了我国抗日战争、解放战争、抗美援朝战争及核武研发的几个重要时期，每一个时期都为国家的存亡发展付出了自己的聪明才智。

2. 引领学风

丹灶历代先贤不仅投身到具体的国家建设事业中去保家卫国、改革维新，还在学术上走在时代之先，著书立说，引领一代风气。

武英殿大学士方献夫在吏部封检司员外时，与比自己官职低的王阳明论学，十分佩服，立刻拜王阳明为师，成为在岭南地区传播王学的先行者。清代著名学者黄宗羲的《明儒学案》卷三十《粤闽王门学案》中写有专门的方献夫传记，称"岭海之士，学于文成者，自方西樵始"。❶王守仁，号阳明，谥文成，是明代最著名的理学家，他"知行合一"的学说不仅风行中国，还对朝鲜、日本、东南亚国家有重大影响。方献夫是王阳明在岭南的第一位弟子，而且职位比他高。但是方献夫不耻下问，因此成为岭南王学的引领者，也成就了自己在德业方面的修为，成为广东著名理学家之一。后来，他与湛若水、霍韬在西樵山创建四大书院，共同开创西樵山讲学之风，使之前名不见经传的西樵山成为天下理学名山，四方慕名而来请益的学子络绎不绝，影响十分深远。

梅庄村贵州学政冯成修，号潜斋，崇祀广东乡贤祠。康有为称"冯潜斋先生以醇德正学为岭学宗"。❷他乾隆二十年（1755）开始掌教广州越秀书院，著有《越秀书院学约》十二条，要求学子：端士习、立志向、崇正学、敦实行、崇实学。后来又掌教粤华书院、渤海书院、南海学宫，"远近从游者七百余人，趾相错于户外，学舍几不能容"，❸清代中期广东许多著名学者都是他的学生。冯成修的玄孙冯愿曾经撰文指出："昔先乡贤公提倡理学，实为岭学先河。出其门者，若劳先生莪野、林先生月亭、何先生朴园，皆先后同祀乡贤，一时学风所被，类皆躬行实践，不为惊世骇俗、奇邪险怪之论。"❹劳潼，字润之，号莪野，南海佛山人（今佛山市禅城区）。毕生专注于著述和教学，《清史稿》卷四百八十有传。林伯桐，字桐君，号月亭，学者称月亭先生，番禺捕属人（今广州

---

❶（明）黄宗羲著，沈善洪主编：《黄宗羲全集》第七册《明儒学案》卷三十《粤闽王门学案》，浙江古籍出版社 2012 年版，第 762 页。

❷（清）康有为：《述德诗》五十首，见姜义华、张荣华编校《康有为全集》第十二册，中国人民大学出版社 2007 年版，第 295 页。

❸《冯潜斋先生年谱》"乾隆三十三年六十七岁"，见《广州大典》第 191 册，广州出版社 2015 年版，第 524 页。

❹（清）郑荣修，桂坫纂：《(宣统) 南海县志》卷十一冯愿《馥荫馆笔记跋》，见《广东历代方志集成·广州府部（一四）》，岭南美术出版社 2007 年版，第 260 页。

市）。两广总督阮元在广州建学海堂，请他做学长，管理教务，《清史稿》卷四百八十二有传。何文绮，字宸书，号朴园，南海九江人。他是劳潼的学生，曾掌教越秀书院，康有为祖父康赞修兄弟、荷村进士徐台英皆出其门下。劳潼、林伯桐、何文绮都是广东著名学者，与冯成修的学术一脉相承，学风纯朴，言行敦厚，不作奇谈怪论，影响着清代中期岭南整个学风的走向。

冯成修的玄孙冯愿，清末举人，曾任内阁中书，回广东后任两广学务处图书科科长。1909年清朝颁布《京师及各省图书馆通行章程》，要求各省开办图书馆。冯愿先后受到晚清广东提学沈曾桐、广东军政府大都督胡汉民的委托，主持筹办广东省图书馆的工作。

图6.1 冯愿为岭南大学文虎堂书额

1912年广东省图书馆成立之后，又代首任馆长李茂之撰写了《广东图书馆公告》和《广东图书馆书目序》，简述了筹办省图的过程和概括了官方藏书的好处。可以说，冯愿是创办广东省图书馆的最大功臣之一，对广东省的图书馆事业有非常大的贡献。

建成之后的广东省图书馆只藏有各种古籍而没有其他种类的书刊，其实只算是一个"藏书楼"，而不是一个现代意义上的图书馆。1922年，大果村中国近代图书馆学奠基人杜定友接管广东省图书馆，担任馆长。他是当时中国唯一的一位图书馆学专家，对省图进行了全面改组。不仅完成了所有图书的在案登记，还大量采购各

图6.2 杜定友像

种图书，按照图书馆学的体例进行编排，并向全社会的读者开放阅览，使省图逐渐向新式图书馆转变。后来，省图停办，直至1940年杜定友才在曲江上窑重建省图，并改称"广东省立图书馆"，为抗战时期的广东大后方提供了足够的精神支持。杜定友为省图做了许多工作，他认为省图书馆以保存本省文献，辅导全省图书馆事业为主要任务。因此，对广东省出版的刊物以及历代乡贤著述进行了大规模的收罗。抗战胜利之后省图搬回广州，又为被军政部门占去的场馆多方奔走，争取早日恢复旧址。1949年前夕，广州一片混乱，他没有听从亲友的建议出走国外，表示馆在人在，没有经费则以自己的积蓄垫付，被大天二（流氓）勒索则紧锁铁门日夜看守，国民政府档案部门迁走留下了大批资料则前往接收，等等，为广东省图书档案资料的收集和保存付出了最艰苦的努力。最终，省图全部馆藏图书得以顺利移交，他也于1953年退休，辞去馆长职位，调任广东省文史馆。就这样，丹灶两代人共同完成了广东省图书馆的创建和改组工作。不仅如此，杜定友还先后对中山大学图书馆、上海交通大学图书馆、复旦大学图书馆、南洋大学图书馆等著名高校图书馆进行管理改造，还创立上海图书馆协会、中华图书馆协会、上海国民大学图书馆学系，制定完善的中国图书馆学分类法，成为我国图书馆学的主要奠基人之一。

下安村简家我国环境微生物学的奠基人简浩然，是中国微生物学会理事、美国纽约科学院院士、我国首批获得国务院特殊津贴的科学家。他1911年生于香港，之后回广州读书，在中山大学农化系毕业，是我国自己培养的第一位土壤生物学硕士。1946年他已经是中山大学农学院的副教授，又到美国留学，获得威斯康星大学土壤生物学博士学位。回国后，担任中国科学院武汉病毒研究所副所长，首次用生化法解决了含酚废水的净化处理问题，并根据科学协定，应罗马尼亚、德国、波兰等国家的要求，给他们提供菌种。之后他调回广州，任广东省微生物研究所所长。针对我国遭受的农药污染，运用遗传工程学的方法，开展了我国首次细菌降解质粒分子育种的研究，成功培育出对有机农药有降解作用的新菌种。他毕生专注于微生物降解的环保研究，即使在退休之后，还以七八十岁的高龄继续钻研环境微生物学的各种问题。为了纪念简浩然对我国环保工作的杰出贡献，在他逝世后的2008年，他的学生捐资成立了"简浩然教授基金会"，定期向我国在环境微生物学方面有突出贡献的学者颁发"简浩然环境工程奖"，鼓励他们继续进行环境生物整治方面的相关研究，为解决日益严峻的环境污染问题寻求更好的方案。

3. 工商创新

良登村中国机器缫丝机之父陈澹浦，不仅制造了中国第一台机器缫丝机，还带领他的家族成员陈桃川、陈濂川、陈子卿等人，先后制造出我国第一台木质脚踏车床、我国第一台煤油机、我国第一艘内燃机客运船，以及广东第一把后膛七响连环快枪、广东第一艘内河蒸汽机轮船、广东第一艘平底浅水轮船，等等。陈氏家族的这些发明创造，不仅打破了外国对机器缫丝机制造业的垄断，还打破了外国船商对珠江航运业的垄断，对中国近代工业的发展具有十分重大的意义。目前，有方志研究者从我国首次制造工业车床的角度进行论述，指出陈澹浦制造的第一台木质车床，比上海发昌购置和自制车床的时间要早。因此，如果"撇开'号'与'厂'名号观念上的障碍，陈联泰机器厂无疑是中国最早出现的近代民族资本工业企业，是我国近代民族资本工业的起点，而我国第一个近代民族工业企业家当是广东省佛山市南海区丹灶镇良登村的陈澹浦"。❶

高海村的中国香港著名商界领袖高卓雄，早年到香港谋生，在先施公司、柏林药行当职员。有了一定资金积累之后，在九龙创办新世界大药行有限公司，并在广州设有分店，把第一代抗生素药品引进到中国。他的孙子高世英又把干扰素引进到中国，促进了我国现代医药业务的长

---

❶ 张莹："中国第一家近代民族资本工业再考证"，载《广东史志》2017年第5期，第51页。

足发展。后来经营得越来越好，还先后创办了华人企业、兰香阁茶餐厅和华人食品等公司，成为中国香港著名的一代巨商。创业成功后的高卓雄十分关心行业发展和社会公益事业，1931年就加入了华商总会，担任九龙总商会名誉顾问和钟声慈善社社长。1948年，他建议改组华商总会，把值理改为理、监事制，之后又将理、监事制改为会董制，被推选为首届中华总商会会长。此外，高卓雄还很关心家乡建设，为家乡购买农用化肥、捐钱赈济水灾、兴建免费学校、捐助暨南大学，等等。1956年，高卓雄受到了毛泽东主席的接见，他为商界所做的贡献以及为社会公益的付出得到了国家最高领导人的肯定。

南沙村丹灶五金工业先行者徐才，13岁就到广州铁木五金社做学徒，掌握了五金制造行业的技术。20世纪60年代，在回乡探亲的时候，他建议南沙村大队以副业的形式开设五金厂。于是，丹灶历史上的第一家五金厂就在南沙村以集体经营的形式建立起来。但是，建厂初期村民缺乏设备、技术、材料和销路，发展一度陷入困境。于是，经过南沙大队、广州五金厂和徐才的三方协定，南沙大队向广州五金厂借用徐才三个月的时间，让徐才以支农的形式回南沙村协助办厂。由于村民初次接触机械，连最基本的操作都不会，徐才只好手把手地从最低级的操作教起。三个月的时间远远不够用，于是又再续借，直至徐才为了家乡的经济建设着想，毅然放弃了广州的城市职工户口，辞去广州五金厂的职务，回到家乡大搞五金工业。徐才不仅带来了设备、技术、材料，还为家乡产品打开销路。质量日渐过硬、品种日渐增多的南沙五金产品，不断销往广州等地，经济效益逐渐显现。1979年，南沙村一跃成为南海的首富村。1980年的春节，佛山地区行政公署副专员何武、南海县委书记梁广大率领县委班子到南沙大队贺富。《南方日报》还头版头条报道了《富甲全县的南沙大队》，一时轰动珠三角。自此之后，带动了周边乡村如联沙、上安、西联、罗行、下安的五金产业发展，原来只是副业的五金厂成为金沙的主要支柱产业。直至2000年左右，拥有超过1000家五金厂，从业人员超过2万人,被广东省科技厅授予"广东省五金专业镇"称号,成为名副其实的"中国日用五金之都"。

4. 艺苑先驱

竹迳村清朝著名油画家关作霖,字苍松,虽然自小家庭贫困,但是他喜爱艺术,于是乘坐外洋轮船游遍欧美各国,学习西洋油画。学成归来之后,他在广州开设油画店,为人画画像,皆惟妙惟肖,栩栩如生,《南海县志》称"时在嘉庆中叶,此技初入中国,西人亦惊以为奇"。❶ 有中国油画研究者指出:"关作霖早在嘉庆中叶就遍历欧美,学习油画,这从中国美术史这个角度来看有重大意义,因为他是最早一位在欧美学习西洋画的留学生,要比史学理论界承认的李铁夫(1869—1952)到美国留学早得多。"❷

八甲村著名粤曲平喉演唱家徐柳仙,原名徐振坤,是八甲村徐佐衡的养女。她唱腔独特,歌喉洪亮,嗓音浑厚,刚中带柔,韵味悠扬,被称为"柳仙腔",与小明星、张月儿、张慧芳并称粤曲"四大平喉"。徐柳仙自小具有天赋的歌喉,3岁学唱曲,5岁登台表演,11岁为中国香港唱片公司灌制《难中缘》《断肠碑》《梦觉红楼》等曲。之后以一曲《再折长亭柳》红遍省港澳,成为著名的粤曲演唱家。1937年抗日战争爆发,徐柳仙还演唱过《热血忠魂》《血债何时了》等歌曲,鼓励抗敌士气。后与丈夫一起避难长沙,沿途还积极参加抗敌救灾的义唱。1947年,应香

图6.3 徐柳仙像

---

❶ (清)郑荣修,桂坫纂:《(宣统)南海县志》卷二十一《关作霖传》,见《广东历代方志集成·广州府部(一四)》,岭南美术出版社2007年版,第439页。
❷ 梁光泽:"晚清岭南油画(一)有关最早的架上油画家史贝霖-关作霖-啉呱的探讨",载《岭南文史》1995年第1期,第55页。

港和声唱片公司邀请灌制唱片，并拍摄了多部电影。中华人民共和国成立后，自组徐柳仙剧团，在香港和南洋各地演出，大受欢迎。1963年，成立香港粤曲歌剧学院，自任院长。20世纪80年代还多次应邀回广州为群众献艺，并再次以一曲《再折长亭柳》轰动广州曲坛，徐柳仙的"柳仙腔"成为众多曲艺演唱者传承、学习的主要对象之一。

第二节　群体创新

丹灶镇历代先贤的开拓创新不仅具有个体性，还具有显著的群体性。他们会在各自擅长的领域内施展才能，引领时代风潮；还会汇聚几代人的群体力量去完成一个共同的目标，开创出一个良好的局面，为当地社会和民众谋取福利。

1. 地方自治之始

竹迳墟内有一座由二十二乡共同建于乾隆四十一年（1776）的同人社学，既是学子的读书、修行之地，也是附近村庄最重要的乡务自治之所，范围涵括了丹灶南部的大部分区域。这是戊戌变法前最令康有为萦绕心头的地方，康有为曾经为这里付出了许多时间和心血，康有为《我史》"光绪二十二年丙申"指出："为同人购书千余金略备，是以感欲成书院。"❶ 康有为之所以对同人社学这么倾心，是因为同人局的乡事处理制度是"中国地方自治之始"，康有为的戊戌变法运动就是从中受到了启发。

---

❶（清）康有为：《我史》"光绪二十二年丙申三十九岁"，见姜义华、张荣华编校《康有为全集》第五册，中国人民大学出版社2007年版，第88页。

如今，在丹灶村《丹山谢氏世谱》和孔边村《南海丹桂方谱》中还保留了咸丰、同治、光绪年间的三份同人社学（局）公断记录，借此可以了解丹桂、伏隆两堡乡民是多么的信任同人社学，同人社学又是如何解决乡间纷争的。

第一份是丹灶村《丹山谢氏世谱》卷首《盗卖祖坟、奴仆反主碑记》，立于同治五年（1866）十二月，记录了请求同人社学处理的两件事：一件是村内某族老受贿串通苏村陈荣业等人，盗卖旺边谢氏始祖坟台，"扭禀入官，陈某惧，始供其实，顾卒未归我地。后又投知同人社学，蒙绅等断令筑回石礴，以界限坟台"。另一件是村内仆人冯三娣、亚味等人，盗卖主人谢如衡在花县所买之地，"投明同人社学绅士，断令先缴给产，后归原宗"。❶

第二份是丹灶村《丹山谢氏世谱》卷首《霸占始祖坟台立回字据》，时间是咸丰元年（1851）四月初三日，立字者为陈荣章。是《盗卖祖坟、奴仆反主碑记》第一件事的公断记录：苏村陈荣业、陈应仁、陈亚佑等把新坟误葬在旺边谢氏始祖坟台下，"被谢族查确，投知同人社学绅士理处"，"于四月初三日请各绅士到山覆勘，当即由谢姓照旧上至下撒竖回界址，以息争端。恐口无凭，即立字据三纸，一纸存同人社学箱内，一纸交谢姓收执，一纸自己存据。立此为凭"。❷ 通过两份记录的对比，我们可以看出，苏村陈荣业等人霸占谢氏始祖坟台是已经禀官得到处理，但是陈某等人久不执行，才又投知同人社学再行勘查，断定执行的。

第三份是孔边村《南海丹桂方谱·祠墓·松庵》所附的《同人局公断》，时间是光绪八年（1882）九月。同人社学在咸丰四年（1854）之后，组建为民间乡勇团练。自此，同人社学的乡事管理功能就由"同人局"承担，前后性质基本一样。事情是"方松庵祖、梁胤樵祖各子孙争论蚌

---

❶ 《（民国）丹山谢氏世谱》卷首《盗卖祖坟、奴仆反主碑记》，见《佛山地区旧族（家）谱汇辑》第十三册，第14页。

❷ 《（民国）丹山谢氏世谱》卷首《霸占始祖坟台立回字据》，见《佛山地区旧族（家）谱汇辑》第十三册，第16页。

冈山地"，局绅"据《方氏族谱》所载……又据梁氏印契"，并到现场实地丈量，即当定断："由此竖明界址，彼疆此界，各有攸属。……合并声明，方、梁各执一纸存据。"但是，据《南海丹桂方谱》称，"光绪九年，梁氏复起风波，不遵局断，胆敢在南海县诬告。经局公覆，将前年局绅所断并两造凭据呈官，事方寝息。"❶据此，方氏与梁氏的争端，则又在同人局公断之后，再由县官复核，才真正了断的。

由此可见，同人社学（局）处理事务，一般由公推的乡绅出面，查实证据，实地考察存在纷争的地点，据实做出公断。并立下公断结果字据，争执双方各执一份，留一份在同人社学箱内，作为存根，十分严谨公正。

咸丰四年（1854）甲寅六月，广东三合会（即天地会）首领陈开以"反清复明"为口号，在石湾大帽岗起义，攻占佛山。这个时候，南海县"各堡贼俱推巨匪为元帅，袭据书院、社学、营署、乡约为巢穴"，威胁着民众的生命财产安全。因此，民间组织乡勇以保一方安宁的团练就应时而生。而"举行屯练，为各堡先倡者，惟丹桂、伏隆等堡"。❷丹桂、伏隆两堡的团练局就设在同人社学，《南海县志》指出："咸丰甲寅，在此首倡团练，联三十六局，声援特壮。"❸同人社学团练局，称为同人局，是当时南海县最先创立的民间团练组织。之后，南海县各堡及三水、高明等地亦纷纷创立团练局，并且结成联盟，互相联络照应。当时的三十六局联盟，就以同人局为盟主。

从目前资料来看，当时组织同人局的主要有康有为祖父辈康赞修、康国熺、康德修兄弟，西城村进士游显廷、潘鉴溁，仙岗村举人陈维新，孔边村方瑶材，丹灶村谢时辉等人。另外，康赞修的同学、冯成修族子

---

❶ （清）方菁莪纂修：《南海丹桂方谱》，广西师范大学出版社 2014 年版，第 999-1003 页。
❷ （清）郑荣修，桂坫纂：《(同治)南海县志》卷十七《康国熺传》，见《广东历代方志集成·广州府部（一一）》，岭南美术出版社 2007 年版，第 657 页。
❸ （清）郑荣修，桂坫纂：《(同治)南海县志》卷四《建置略一·社学》，见《广东历代方志集成·广州府部（一一）》，岭南美术出版社 2007 年版，第 476 页。

冯湘也"创办磻溪局，与同人局联络筹堵，贼不敢犯"。❶可见，当时的声势十分浩大，丹灶境内的著名历史人物几乎都参与其中，共同完成了一项创举。"时西、北两江隔绝，三水、高要、高明三县小民为负贩往佛山者，至是改路，从丹桂堡至省垣"，❷保护了地方安全，三水、高要、高明的民众也改路从丹灶通行了。

后来，由于同人局在团练方面的工作卓有成效，康国熙被广东总督耆龄征召去围剿韶州南山贼，游显廷被钦差大臣罗惇衍、龙元僖、苏廷魁邀请襄办团练，陈维新也受到郭嵩焘邀请参加广东省团练总局，谢时辉也赏给六品顶戴。也就是说，一个小小的地方同人局，却同时成就了一大群丹灶人的远大前程。其实，这正是丹灶先贤共同努力的必然结果。

尤难能可贵的是，同人局在社会动荡之际也没有忘记设立社学的初衷，"犹鼓舞英流，集局涤砚，外局亦骈肩至。同人社学文会以此时为极盛。……又倡立幼童每年到局背经之例，厚其奖。"❸不仅邀请本地读书人前来同人局参加文会，还吸引了不少其他局的人来参会，而且盛况是空前的。同时又设立奖项，鼓励幼童定期来同人局背诵经书。可以说，同人局的组织者能武能文，颇具儒将风范。在保卫家乡的同时，也为地方将来的发展培养了元气。大涡村进士张乔芬就是在同人局的这种重文风气下成长的。

2. 地方建设之先

1929年，商业兴旺的罗行墟已经在南沙涌沿岸自行修建了一条长约1000米的新式水泥马路，开启了南海县地方墟市修建马路的先河。

---

❶ （清）郑荣修，桂坫纂：《（宣统）南海县志》卷十五《冯湘传》，见《广东历代方志集成·广州府部（一四）》，岭南美术出版社2007年版，第385页。

❷ （清）郑荣修，桂坫纂：《（同治）南海县志》卷十七《康国熙传》，见《广东历代方志集成·广州府部（一一）》，岭南美术出版社2007年版，第657页。

❸ （清）康国熙撰：《六太居士遗稿》卷末区寅亮《康种芝先生传》，见陈建华主编《广州大典》第463册，广州出版社2015年版，第387页。

后来，罗行墟居民为了纪念国父孙中山先生，就把这条新式马路称为"中山街"。

20世纪初期，光绪年间毕业于佛山缸瓦栏循道医学堂的丹灶村黎佐瑶，在丹灶开设了第一间西医诊所宣和堂，配制有20多种成药，其中以如意止痛油最出名，在丹灶发售的同时，广州十八甫的黎镛照相馆也有代售，为丹灶镇西医行业的发展打下了坚实的基础。1958年，丹灶乡卫生院正式成立开诊，成为南海县第一所乡级卫生院。丹灶镇在现代医疗机构的建设上，也走在了南海县的其他乡镇之先。

由此可见，丹灶镇自古以来就具有一种开拓创新的优良传统，无论是独立的个体还是联合的群体，都善于审时度势，洞察先机，发现问题的所在，抓住时代的脉搏，为社会的进步、国家的发展付出各种不懈的努力。他们所做的事情，涉及社会的方方面面，政治、经济、军事、学术、工业、商业、建筑、医疗，上关国政，下关民生，大可改变国家命运，小可改变地方格局，对中国社会的多个不同发展阶段都有非常重要的影响。而且，丹灶镇的这种创新品格古今延续、前后相承，已经成为一种浓厚的社会风气，伴随着现代化的新丹灶一起进步成长。

第七章
丹灶文化新篇章

　　历史上的丹灶文化昌盛，现当代的丹灶同样文化繁荣。苏村康有为故居是南海区目前唯一的一处全国文物重点保护单位，棋盘村陈氏宗祠是佛山市目前仅存的一座五进祠堂，仙岗村、棋盘村、上林村是入选首批广东传统村落中的3个村（佛山市总共只有11个村入选）。丹灶镇还是南海区内建有高等院校的两个镇之一。哈佛大学、北京大学、中国人民大学、中山大学、暨南大学、广州中医药大学等著名高校都有丹灶籍的教授任职。《康有为全集》《方献夫集》以及冯成修、李宗颢、黎秀石的著作，已经被中国人民大学出版社、中华书局、上海古籍出版社、广西师范大学出版社、广东人民出版社、香港明报出版社等整理出版。何维柏、何文邦、康辉、徐台英、林彭年、康国熺、康赞修、何沅、冯愿、康同薇、杜定友等人的著作也由国内知名出版社影印出版。镇内各种文化活动也层出不穷，有政府组织的大型文化活动，如已经连续举办超过十四届的康有为文化节；有民间自发组织的文娱活动，如各村神诞的搭台唱戏、奖学助学的颁奖晚会，等等。活动内容丰富，涉及的范围广泛，有文学、书法、绘画、粤曲、戏剧、摄影、舞蹈、体育、民乐、流行曲、非遗等不同门类，基本满足了丹灶民众对文化生活日益增长的需求。

第一节 康有为文化节

康有为是丹灶历史上最有社会影响力的人物，他的足迹遍天下，他的著作耀千古，他的思想深入人心。他为国家所做的贡献，为世人所熟知。康有为的成长，是丹灶许多代人共同培养的结果。他的许多思想和行为，都在丹灶养成。他的变法救亡运动，也以丹灶为起点。康有为一生的奋斗事业，体现出扎实、拼搏、变通、不屈不挠等多种优良品格。在历代丹灶先贤中，最能代表丹灶文化。因此，在规划新时期丹灶文化发展新路向的 21 世纪初，丹灶镇政府向社会各界隆重推出了康有为文化节。

康有为文化节是由丹灶镇人民政府举办的一项重大文化活动，是丹灶镇规模最大、档次最高、影响最广、参与群众最多的文化品牌。康有为文化节由创办于 1999 年的丹灶镇仙湖文化艺术节演化而来。

1999 年，为了适应新时代的发展，满足丹灶民众对高品质文化生活的需求，在千禧年来临之前，丹灶镇人民政府以无比强大的决心和毅力，在镇内风景秀丽的仙湖旅游度假区举办了第一届仙湖文化艺术节。仙湖文化艺术节基本在秋季国庆节前举办，重头戏是仙湖五人龙舟赛和国庆烟花汇演。丹灶镇各村 90 多艘龙舟齐集在仙湖约 1440 亩的蔚蓝水面上，蓄势待发。岸边早已人头攒动，鼓声雷动。发令枪声响起之际，一时桨起桨落，百舸争流，民众的欢呼声更是一浪接一浪，掀起了丹灶镇最为高涨的文化浪潮。9 月 30 日晚的烟花汇演也是一样，之前丹灶民众看到的烟花汇演都在电视里面，现在以最近的距离、最广阔的视野亲临其境观赏，对于许多普通民众来说，是一件激动人心的事。

自此之后，一直到 2003 年，仙湖文化艺术节连续举办了四届。从 2004 年开始，为了深入挖掘丹灶本土历史文化，发扬维新思想发源地的有为精神，丹灶镇人民政府决定把仙湖文化艺术节改名为"丹灶康有为文化节"。以更高的水准、更丰富的种类、更长的活动时间，每年为全丹灶及周边市民带来一场盛大的文化盛宴。

图 7.1　首届康有为文化节盛况

丹灶康有为文化节一直以与民同乐为目的，坚持以文化为社会服务、以文化推动产业发展的路向，结合社会的发展需求，顺应时代的发展潮流，满足民众的文化需要，每年主打一个主题，从多角度、多方面为观众呈现丹灶文化的深厚魅力。系列活动持续的时间一般为一个月，也有两三个月甚至长达五个月的，视当年活动的数量和节奏而定。康有为文化节从 2004 年开始至 2018 年，中间没有中断过，连续举办了十五届，可谓盛况空前。

现在，丹灶康有为文化节已经逐步走出丹灶，成为南海西部片区乃至整个南海、佛山的著名文化品牌，受到社会各界的关注和重视，得到广大群众的支持和参与。比如，2007 年的第四届丹灶康有为文化节，是佛山市旅游文化节的一个重要组成部分。2011 年第八届丹灶康有为文化节，是打造南海西部片区"文翰樵山"旅游文化高地的重要窗口。2012 年承办了中华龙舟大赛的最后一站比赛，2014 年还承办了首届中华文化小姐全球大赛（广东赛区）决赛。因此，2015 年的第十二届"丹灶康有为文化节"正式改名为"康有为文化节"，表明丹灶康有为文化节不再局限在丹灶，已经逐步成为佛山市广大市民共享的重要文化节日。

康有为文化节一直致力于内外兼修，在内不断深入挖掘丹灶本土的历史文化，在外不断引进各种与丹灶文化同质、能够与丹灶文化产生共鸣的文化形式。以此内外结合，内里有真材实料可以向外界推广，让外界知道丹灶文化的多姿多彩，把丹灶的名牌送出去，吸引更多的人走进来，共建宜商宜居的新型特色小镇。比如，2004年第一届康有为文化节，就以成立康有为书法院为契机，举办首届"康有为杯"书法大赛，邀请社会各界人士共襄美举。之后，"康有为杯"书法大赛变成了康有为文化节的传统项目，并与广东省书法家协会保持良好的合作，每两年举办一次，把征稿范围扩展到全国。2011年第八届康有为文化节，更注重传承历史文化，体现丹灶的本土特色，举办了烧番塔晚会、寻找古建筑、棋盘村杯象棋公开赛等一系列丹灶独具特色的项目。2013年还在南海十大古村仙岗村举办中秋庙会，吸引了佛山各地美食、非遗、茶坊、私火局等摊位进场，让镇内外民众体验到最原汁原味的丹灶文化风情。

康有为文化节还不定期召开各种不同类型的学术研讨会、书法论坛、有为论坛、学术讲座，在更高的层面共同探讨书法艺术、康有为思想、企业发展管理等多种学术问题。如2005年第二届康有为文化节举办了"碑学与康有为书法学术研讨会"；2008年，为了纪念康有为诞辰150周年，第五届康有为文化节举办了十分隆重的"康有为与改革创新"学术研讨会，还结合经济发展情况举办广东丹灶经济发展战略论坛、旨在探讨书法艺术的岭南书法论坛，让康有为文化节既有大众娱乐性，也有高深的学术性。

康有为文化节拥有多个省级评奖项目，如广东省书法艺术"康有为奖"、广东省"有为杯"报告文学奖，都是每两年举办一届，主办单位规格高，入围作品数量多，评奖严谨公平，奖金丰厚，已经得到行内人士的广泛认可，每次举办都有很多专家、作者积极参与。

为了更好地让文化服务社会、推动丹灶镇的产业发展，历届康有为文化节活动中总少不了招商引资项目的推介和合作签约仪式。如2006年第三届康有为文化节，举行了葛洪文化园、南沙棋盘村旅游开发项目的招商推介活动；2012年第九届康有为文化节，更是以南海（丹灶）物流新城首个引入的世海钢材物流基地作为主题冠名。这些正是文化推动产业发展的优秀例子。如果能够把康有为文化节继续很好地办下去，那么会给丹灶产业的发展提供更多的机会和启发。

近年来，康有为文化节更加注重文化内涵的发掘和乡俗民风的培养，积极与镇内高校以及广州佛山有关高校合作，进行高层次的交流互动。如2013年第十届康有为文化节，举办了"畅享文化·YOUNG你精彩"的丹灶高校时尚文艺展演暨圆梦行。并且连续开展"有为六德"的评选活动，以"有为翘楚"的最高荣誉作为大家学习的榜样。2016年第十三届康有为文化节更结合产业工匠精神，评选出既符合"忠勇、仁爱、公义、尚礼、明智、诚信"的"有为六德"标准，又具有大匠工艺精神的"有为工匠翘楚"，引导大家做一个道德高尚的正人君子的同时，也要做一个兢兢业业的产业能手，为推动社会的发展做出应有的贡献。

图7.2 2016年第十三届康有为文化节闭幕式

历届康有为文化节的活动中，除了传统的书法、龙舟之外，还有丹灶传统的优势文艺项目小品和戏剧。无论是开幕晚会还是闭幕晚会，一般来说，只要有舞台的地方，都会为观众献上各种在省、市、区获奖或者为文化节量身打造的小品、戏剧节目。2004年第一届康有为文化节，就是以《乡情如歌》戏剧小品晚会初次与观众见面的；2007年第四届和

2013年第十届康有为文化节,分别举办了法制教育和法制文艺小品大赛;2014年第十一届康有为文化节,又与广州佛山多所高校合作,举办了"文旅高地·广佛高校"戏剧小品邀请赛。

总的来说,康有为文化节是为丹灶全镇居民精心打造的一个大型文化项目。它始于丹灶却又不限于丹灶,它钟情于传统文化却又不排斥现代文化新元素。可以说,康有为文化节能古能今,有深有浅,可远可近,已经成为南海西部片区乃至整个南海、佛山的一个著名文化品牌,是推广本土优秀传统文化、培养当代文化新力量的重要文化阵地。

第二节 文化建设与推广

康有为文化节是丹灶镇规模最大的官方文化盛事。康有为文化节之所以能够持续、有效地一年接一年举办下去,是因为丹灶的总体文化建设做得足够充分,丹灶的历史文化资源足够丰富,可以承载得起康有为文化节这艘文化航母的自由航行。

1. 文化机构

丹灶镇文化站的建设可以追溯到1958年成立的红峰公社文化站。红峰公社文化站已经初步具备了文化管理和组织的功能,并且设有红峰公社图书馆,供内部人员借阅图书。1984年红峰公社文化站改称丹灶区文化站,1987年改称丹灶镇文化站,正式开始了全方位的文化管理和组织工作。之后又搬进了专门的丹灶镇文化广播办公大楼,内设展览厅、图书馆、多媒体会议室、舞蹈室等,空间、设施、图书资料等都得到了有效的保障。大楼东面是一个宽敞的丹灶文化广场,有露天舞台、园林、灯光球场等，是开展各种文化活动的重要场所。

丹灶镇文化站下设文学、曲艺、戏剧、音乐、舞蹈、民乐、摄影、书法和美术等小组。之后又陆续成立了曲艺协会、音乐协会、南海文联丹灶分会、有为笔会、延香诗社、美术协会、舞蹈协会、摄影协会、书法协会、女子书法协会，还有曲艺队、合唱队、民乐队、舞蹈队、话剧队（后更名为戏剧协会）。书画作品曾多次入围省级、国家级评奖赛，戏剧小品、曲艺、舞蹈曾经获得过佛山市和南海区的多个金奖、银奖。目前，书法和小品、曲艺已经发展成为丹灶镇的文化特色优势项目。

丹灶镇文化站还创办了《丹灶文艺》，每年出版2~4期，原金沙文化站也创办了《金沙洲》季刊，专门登载丹灶镇的原创文学作品。延香诗社也会不定期出版诗社刊物，刊登社友的各种诗词文章。这些刊物当中的许多优秀之作还被省、市级的刊物收录。

丹灶镇文化站为丹灶文化的发展做了许多工作，得到了相关部门的认可，1992年被评为"广东省一级文化站"，1996年被评为"广东省特级文化站"。与丹灶镇合并前的金沙镇文化站，2002年也被评为广东省一级文化站。

2. 一岛两湖

丹灶镇不仅有宽阔壮丽的北江、曲折逶迤的官山涌，还有高低起伏的丘陵，波光水影，山林毓秀，十分优美宜人。其中，以一岛（金沙岛）两湖（仙湖、翰林湖）最有代表性。

（1）金沙岛

金沙岛由北江主流东平河道和支流南沙涌四周包裹而成。旧称大洲沙，1992年以境内的南海新八景之一"金沙逐浪"得名金沙，是佛山市五区最大的天然沙洲。四周滨水处皆筑有河堤，全长约40公里，一路波光水影，绿草茵茵，竹木成林，清风阵阵，景色十分优美秀丽。岛的东北面临水处有一个约600亩的竹岛，河边有大片广阔的沙滩，是

图 7.3　金沙岛美景

不可多得的天然泳场。1985 年开发成金沙滩旅游度假区，下设游泳场、别墅、酒店、帐篷、餐厅、烧烤场等娱乐设施，来游玩的四方游客源源不断。2002 年，当地政府还利用独特的地理条件，将其改造为"南海大湿地公园"，是省内首个湿地生态公园，充满岭南水乡风情。现在，金沙岛被打造成广州佛山（金沙）休闲运动岛，北有南海区十大古村落棋盘村，南有下安村丹灶镇龙舟训练基地，西有佛山市级非遗南海竹编的传承地罗行墟，东有传说建于明代的先生古道，文化古迹，遍布全岛。这里还举行过越野车赛、环岛马拉松、环岛单车骑行、缤纷番塔中秋夜等多种文娱活动，吸引了广东省和港澳多地的市民前来游玩，成为南海区唯一的国家级湿地公园建设试点，是市民悠闲娱乐的好去处。

（2）仙湖

仙湖坐落在银河涌的最北端，原来是赤磡村附近的几条大山坑，20 世纪 50 年代末由人工筑坝而成一个截洪蓄水、灌溉农田的人工湖，叫作赤坎水库。这里三面环山，湖水清澈，林木茂盛，风景宜人，具有得天独厚的旅游条件。于是，丹灶镇政府1993年决定对这里进行旅游开发。由于这里属于仙岗行政村的范围，同时为了纪念晋代葛洪曾经在此采药炼丹的事迹，因此改名为仙湖，以与镇名"丹灶"互相呼应。仙湖旅游度假区围绕面积1440亩的仙湖进行建设，1994年开始动工，1995年建成。占地面积160公顷，建有国际会议中心、卡拉OK俱乐部、保龄球俱乐部、西餐厅、高尔夫球场、四星级酒店、别墅、沙滩游泳场、烧烤场、生态百果园等各种文娱设施。沿湖还有一条长约5公里的滨水小路，是佛山地区文化旅游的好去处。从此之后，仙湖旅游度假区一直是仙湖文化艺术节、康有为文化节、五人龙舟赛、康有为学术研讨会的主要会场。

后来，在原有建筑设施的基础上，丹灶镇人民政府在这里创办了康有为书学院，作为研究和宣传康有为书学艺术的主要场所，并在这里举办各种书画交流活动和展览。书学院东面建有纪念葛洪的无极养生园，内有葛洪像、国医馆、八卦广场、天圆地方广场、亭台水榭等，供游客游览的同时，还作为佛山市级非遗项目"葛洪传说"传习所，不定期向民众讲解葛洪在这里炼丹的故事。

仙湖旅游度假区周边人文资源十分丰富，东面赤磡村有南海区非遗项目盲公话，建于清朝早期的北帝庙"福缘堂"，其西厢墙上还嵌

图 7.4 风景如画的仙湖

有目前丹灶境内仅见的一块清代嘉庆年间篆书石碑。苏坑村一东一西，有两个佛山市文物保护单位阴骘井和贞节牌坊。仙湖西南面是广东省历史文化名村仙岗村，村内保存了明清岭南传统民居镬耳屋几十间，祠堂十多间，还有仙岗书院、流水井（蟹眼泉）、石板路等诸多古迹。拥有佛山市级非遗项目"烧番塔"，出过一位进士、多位举人，还有陈仙洲、陈维汉、陈广文等许多著名历史人物。因此，仙湖旅游度假区不仅仅是旅游度假那么简单，可以说，这里是丹灶历史文化的精华凝聚之地。

（3）翰林湖

翰林湖坐落在沙水村东面。由于沙水村在清代出过翰林父子刘廷镜、刘国珍，故有翰林村之称。因此，依傍翰林村而建的现代生态农业公园取名翰林湖。翰林湖作为大金智地高端产业服务区的配套项目建于2014年，面积约2000亩，湖面约为270亩，以"耕读田园"为发展主题，划分为6个景区和10个景点，免费向公众开放。公园内拥有的3万平方米的花海，是最吸引游客的地方，每到花季，这是不仅是花海，而且是人海。2017年，翰林湖获得了"中国（银川）都市景观大赛城市公共空间优胜奖第一名"和"2017亚洲都市景观奖"，更让这个田园花海名声大噪。

翰林湖的周边其实是丹灶镇的一个文化宝地。翰林湖旁的沙水村，不仅有翰林父子，还有博士孙子刘懋初。他1921年毕业于法国里昂大学，做过广东省审计处处长，编有《广东经济纪实》。沙水村还有

图 7.5　翰林湖美景

佛山市文物保护单位翰林埠头，南海区不可移动文物保护单位白银窦。翰林湖东北面是沙滘村，是兄弟进士何维柏、何维椅的家乡。翰林湖西北面李边村，是进士李应鸿、著名金石学家李宗颢的家乡。翰林湖南面上林村，是榜眼林彭年、进士林耀增的家乡。可以说，翰林湖是丹灶中部地区进士、翰林、博士、专家的聚宝盆，人文历史资源十分丰富。

因此，2016年"创新有为·多彩小镇"第十三届康有为文化节在这里举行了"翰林湖田园牧歌音乐趴"；2017年"一岛两湖·品牌丹灶"第十四届康有为文化节在这里举行了中国（佛山）首届国际亲子戏剧节、广东省航空模型大赛，这里也是"大爱佛山·南海善行"2017年"为爱行走"丹灶金沙岛公益福彩大型徒步活动的终点。历史与现代相呼应，城市与田园相结合，翰林湖成功地走出了一条经济建设和环境建设双轨并行的生态发展之路。

3. 古村活化

广东省的古村落调查和认定工作可以追溯到2007年，比2012年全国性的古村落调查还要早5年。南海区的十大古村落评比工作在2010年完成，丹灶镇的仙岗村、棋盘村顺利入围，占了南海区十大古村落的五分之一强。2012年，这两个村又入围"广东省历史文化名村"。2014年，首批广东传统村落评定结束，佛山有11个村入围，丹灶镇的仙岗

图7.6　仙岗古村门楼

村、棋盘村、上林村同时上榜，再一次表明丹灶镇的古村落资源丰富，在保护方面所做的工作十分到位。因此，仙岗村被纳入佛山市百村升级计划的古村名录，棋盘村所在的南沙社区被纳入新农村建设目录。后来，丹灶镇的沙水村和棋盘村又被纳入古村活化的新增名录当中。

2017年，仙岗社区正式被南海区列为美丽文明村居示范线建设点，仙岗村的古村活化升级工作得到了最全面和深入的展开。丹灶镇政府和仙岗社区对此非常重视，投入了大量资金对该村进行升级改造，不仅建立了村史馆，还改造了入村通道，统一了古村的旅游标识系统，增加了绿化美化工程，疏浚了荷塘，修复了祠堂、流水井，铸造了葛洪铜像，引进民间力量改造仙岗书院，打造出一条亮丽的文化旅游参观线路。

同年，丹灶镇政府还评选了十大"丹灶镇最美古村"：仙岗村、棋盘村、罗行墟、沙水村、上林村、孔边村、苏村、青云村、西城村和简家村。选定了五个美丽文明村居建设试点：仙岗、南沙、劳边、东升和罗行。从官方、民间两个层面，带动了古村落的自我活化工作，吸引了众多民众自发参与古村游，进行古建筑摄影，探索古村落文化，感受非遗项目魅力，发掘历史文化名人等。在全镇掀起了一股古村欣赏热潮，调动了全民的积极性，让广大民众把视野放回自己所生活的村落之中，重新认识自己的家乡，寻找家乡之美，并逐渐意识到保护传统、维护环境的重要性，把乡下的生活越过越好。

如果说康有为文化节水准一届比一届高的节目把丹灶文化推向更加精英化和专业化，那么，古村活化就是把丹灶文化推向更加大众化和平民化。因为舞台可以不上，节目可以不看，但是村居生活还得一天一天过下去。这对于日常文化生活有着最为深刻的影响。

4. 文化设施

丹灶目前拥有一批规格高、范围大、设备全的文化设施。有省级层面的，有市级层面的，也有乡村层面的，为当代丹灶文化的发展提供了最充分的设施保障。除了仙湖旅游度假区、翰林湖内的各种康乐设施、康有为故居等文化古迹，还有康园、广东环境保护工程职业学院、各村文化室和电影院等。

康园是由市、区、镇三级联动共同建设的南海西部片区一个大型的文化升级项目。康园的规划定位是市政公园，并融合城市配套设施和文化旅游景区功能，打造成追忆先贤足迹、重现维新历史、弘扬传统文化的主要场所。规划的建设面积约150亩，总投资约2.5亿元。地处苏村西面，康有为故居旁边。2014年奠基，开始建设第一期工程：康有为博物馆和北京南海会馆。目前已经基本完成，主要是康有为生平事迹及其珍贵文物展和南海会馆历史文化展，全面呈现维新领袖康有为一生的重要足迹。第二期市政公园工程也在紧锣密鼓地进行中，包括山体公园、客服中心、七桧园、万木草堂等建筑。第三期工程是对康有为故居核心区环境的提升改造。所有工程完成之后，将免费向公众开放，让市民以最近的距离、最翔实的史料文物、最逼真的复原建筑，深入了解康有为的一生，以及南海人的历史文化精神。

图7.7 康园

广东环境保护工程职业学院，2010年经广东省人民政府批准成立，是以培养环保、节能、低碳及相关专业高技能型人才为主要特色的全日制公办高等职业学院，设有29个专业38个专业方向，在校学生超过1万人。该学院位于桂丹西路98号，丹灶中学南面。占地面积约450亩，是丹灶镇境内唯一的一所高校，为丹灶镇的产业发展提供了一定的技术合作支持，对于丹灶镇发展生态工业、改善城市居住环境有重要的推动作用。而过万的大学生群体长期在丹灶生活,参与丹灶的各种文体活动,也为丹灶增添了不少人文氛围。

  各村祠堂历来都是乡村议事、聚会、举办各种庆典活动的最主要场所。20世纪90年代之后,丹灶民间兴起了一股自发集资修复或者重建祠堂的风气。修复后的祠堂,有些按照原来规模修旧如旧,古色古香,光洁明亮。有些则建成多层的现代文化楼,更加宽敞舒适。同时还配套了文娱室、资料室等设施,实际上成为村民文化休闲的地方,承担着文化传播的特殊功能。

  此外,丹灶最近几年也兴建了两座现代化电影院。电影院拥有超大的屏幕,舒适的座椅,优美的环境,还有3D电影播放。如今足不出镇,便可以在家门口享受视觉盛宴,与外界同步,欣赏好莱坞大片。这种方式逐渐受到年轻一代丹灶人的追捧,成为丹灶休闲娱乐的新热点。

第八章
丹灶文化述评

珠江的河水径流量仅次于长江，居全国第二位；长度则是次于长江、黄河，居全国第三位。西江、北江是组成珠江水系的最大的两条干流。西江发源于云南，流经贵州、广西之后进入广东；北江发源于江西，在南雄进入广东。西、北两江经过千里征程之后，在三水区思贤滘第一次汇合，主要是西江的一部分河水通过思贤滘流入北江，再通过北江在广州汇入珠江，也就是说，这是西江水流第一次进入珠江水道的地方。由于是两大江水的首次正面交锋，导致思贤滘波涛汹涌，浊浪滚滚。汇流后的北江在思贤滘下一分为三，东面支流西南涌流向广州，主干道东平水道流向顺德、中山，西面支流南沙涌流入丹灶镇境，并在西樵镇的交接处重新汇入东平河道，往南流入顺德。西江则南下经过高明、鹤山，在顺德龙江有支流甘竹溪向东流入东平河道。西、北两江之水在思贤滘分道扬镳之后，再一次在这里汇合。西、北两江一北一南的两次汇合，形成了一块南北长、东西窄的硕大沙洲，由北而南，贯穿了三水、南海、顺德三大区，包括了金本、白坭、丹灶、西樵、九江、龙江六大镇区。

这一块巨大的沙洲自古以来是一个神奇之地，白坭镇是三水历史上文风最盛的地方，三水一半以上的进士、举人都出自这里。西樵镇内不仅有广东四大名山之一的西樵山，还与九江镇、沙头一起，并称南海区"五大繁盛镇"。龙江古代出过文状元、武状元各一人，自古商旅发达，与毗邻的九江镇一起，有"九江不认南，龙江不认顺"的说法。

作为维新思想发源地的丹灶镇，北处思贤滘之下，南临西樵山之麓，具有得天独厚的地理环境，河道四通八达，北可上三水、清远、四会、英德、韶关，直通江西；西可过肇庆、怀集、广宁乃至广西梧州、柳州、南宁等地；东可往广州、东莞、深圳、香港；南可下顺德、中山、新会、珠海、澳门，在珠江口则可以通往全世界各地。而且，这里的水流经过几公里的喘息之后不再汹涌激荡，水土逐渐沉积，成为丹灶镇生产发展的优良水土资源，宜耕宜渔，宜商宜居，工商事业繁荣，文化底蕴深厚。

第一节　丹灶文化总特征

丹灶文化发展具有依水性，境内由北江、南沙涌、官山涌、银河涌形成南北河涌网，是丹灶文化发展的最主要汇聚点。当中的南沙涌是北江支流，银河涌是官山涌支流，因此可以简称为"两江两涌"文化带。两河两涌的文化发展模式，是丹灶古今文化演变的最大特征。此外，在远离水路的山岗深处，丹灶文化也有梅庄和竹迳两个文化发展区，汇聚了许多著名人物和古迹。而传承性和开创性，则始终贯穿在丹灶文化的古今发展历程之中，成为丹灶文化生生不息的核心元素，推动着丹灶文化的持续发展。

1. 两江文化带

丹灶镇是最先得到西、北两江汇水之利的地方。汇流后的北江一分为三，主流东平河道和西支流南沙涌由北往南流遍丹灶全境，镇内的金沙（又称大洲沙）更是被北江的两条河道四面包裹，地理位置最为独特。因此，丹灶虽然并不滨临西江，却不乏西江的水土之利。在北江两河沿岸聚集了众多的墟市、古迹、名人、著作，是丹灶镇文化最为密集的区域之一。由于都具有滨河而生的特征，因此称为"两江文化带"。

南沙涌东，即金沙西片沿岸。最北端有南海十大古村落之一棋盘村，村内陈氏宗祠是佛山市现在少见的五进祠堂。这里曾经是朱九江考中进士之前的授徒之地，朱九江还为这里修筑堤围写下了《南海县黄鼎司南沙三十乡建石堤祭河神文》，还在他的文集中称赞陈北友爱兄弟、关怀妻子，有孟子所谓的"仁术"。位于金沙中西部的罗行墟，是珠江三角洲著名的竹器制造、销售之地，会集了西、北两江上游的四会、怀集、广宁、藤县等地的众多商家，相关情况还被1893年的上海《申报》报道过。这里的"南海竹编"被佛山市列为市级非物质文化遗产项目。最南端是南北十几里阔的冲霞乡，清代著名岭南医学家、进士何梦瑶记载过麦宣奕"终不负约，遂成巨富"的事迹。南沙涌东岸，可以说是金沙的仁信之乡。

北江西，即金沙东片沿岸。最北端的南沙村，是金沙五金之父徐才的家乡，在他启发引领下，南沙成为南海县的首富村，金沙成为中国五金日用之都。中东部的上滘村，留有何维柏、何维椅兄弟为业师梁纪修建的先生桥、先生路。旁边石桥村，是明代一条鞭法的坚实推行者庞尚鹏读书的地方。南面西岸，曾经建有西溪书院、三滘社学。可以说，北江西岸在金沙形成了尊师重道的风气。

南沙涌西岸，历史上风俗纯朴、文人辈出，先后出现过沙滘进士兄弟何维柏、何维椅，沙水父子翰林刘廷镜、刘国珍，上林榜眼林彭年，荷村清官徐台英等众多著名人物。《明史》《清史稿》中收有何维柏、徐台英的传记。何维柏《天山草堂存稿》入选《四库全书存目》。徐台英的《铅刀集》、林彭年的《朝珊剩草》、李宗颢的《萧夻读碑校勘记》等著作30多部以及何沆的《北上日记》现在都得以保存。北端与三水接壤的横江墟，元代《（大德）南海志》已经有横江渡的记载，码头可通三水西南、佛山、广州，1896年的上海《申报》报道称"墟内铺户百余家"，为当地的文教发展提供了物质保证。

2. 两涌文化带

与西江汇流之后的北江往东南方向一分为三，其中一主一次两条河道在丹灶。官山涌在流入东平河道之前是三条河涌汇合为一，其中也是一主一次两条河涌在丹灶。最东面的是官山涌北段主流，中间的支流是银河涌，最西面的支流是樵北涌。官山涌北段主流除了小部分细小河道在三水南岸，主要河道与银河全涌都在丹灶境内。樵北涌基本在三水白坭镇，而部分河道与丹灶镇接壤。樵北涌向东南汇入银河涌，汇流后的银河涌又往东南汇入官山涌主流，南下可以直达西樵山脚。三条河道的两个汇合点都出现在丹灶，是官山涌的咽喉，地理位置最为独特。因此，丹灶虽然没有高山却又不乏山林之胜。在官山涌、银河涌两岸汇聚了大量的名胜古迹、著名人物、历史著作、墟场市集，是丹灶文明的发源地，城镇发展的中心区。由于都具有滨河而生的特征，因此称为"两涌文化带"。

银河两岸，即丹灶镇的西部片区。中部区域有新石器时代通心岗遗址，是佛山市文物保护单位，出土有石斧、陶片各种文物，表明大约在5000年前这里已经有人类活动。银河涌中上游有庄边商代窑址，是南海区文物保护单位，距今已经有差不多3000年的历史，表明这里的人类活动5000多年以来一直没有中断过。通心岗遗址西面苏村，是近代维新运动领袖康有为的家乡，他的堂伯祖康国器由于抗击太平天国动乱有功，与康有为一起入传《清史稿》。通心岗遗址所在地良登村的方翀亮进士是一代道德典范，康有为多次在《大同书》中赞扬他。该村陈澹浦是我国第一台机器缫丝机的制造者，他的同村后辈陈拔廷是我国第一台柴油机的主要制造者。庄边窑址旁边大果村杜定友，是我国图书馆学的主要奠基人之一，著作《杜定友文集》有十二大册。大果村北面仙岗村，传说是葛洪曾经采药洗药的地方，是南海区十大古村落之一。村内葛洪传说、烧番塔是南海区非物质文化遗产项目。大果村南边西城村游显廷进士，是沙水村翰林刘廷镜、西樵军机大臣戴鸿慈的老师。可以说，银河涌两岸是丹灶文明的灯塔。

官山涌北段两岸，是丹灶镇的中轴线区域。据《南海县志》记载，相传晋代葛洪就在丹灶村洗药炼丹，如今还留下了当年用来洗药的洗药井。与附近的无叶井、仙井名泉，共同组成了丹灶村水资源丰富的地下水网。又据元代《（大德）南海志》记载，丹灶村在元代已经有丹灶渡。在渡头附近后来发展成为珍丰市、丹灶市，现在已经是丹灶镇城区的主要部分。丹灶村黎琼笙在晚清年间建有醒华小学，是南海西部片区最著名的学校，先后培养了几千名学生，直至合并为丹灶中心小学为止。1945年见证日本投降签字仪式的中山大学教授黎秀石，当年就曾经在醒华小学读书。丹灶村南面孔边村方献夫是明代嘉靖首辅、武英殿大学士，人称方阁老。他的两本著作《西樵遗稿》和《周易传义约说》都被列为《四库全书》存目书籍。孔边村至今还保留了丹灶镇历史上体例最为完整、内容最为详细的《南海丹桂方谱》，是明清时期南海县著名的钟鸣鼎食之家。丹灶村北面大涡村的进士张乔芬，是苏村康家的三代世交。由于在同人局的管理权上与康有为发生争执，导致两人请京官互相弹劾，启发了康有为关于地方自治制度方面的构想。可以说，官山涌两岸是丹灶历史上最为风云跌宕的地方。

3. 山岗文化区

离开"两江两涌"文化发展带，丹灶镇还有两个十分独特的邱山文化发展区。这里虽然远离水路，却是山窝里飞出了金凤凰，取得的成就令人瞩目。一个是丹灶镇北部的梅庄，另一个是南部的竹迳墟。梅庄村自从清代走出了贵州学政冯成修之后，直到冯成修的玄孙冯执经为止，一共培养了一位进士、七位举人、五位县官。竹迳墟是丹灶镇历史上最闻名的墟市，墟内建有同人社学，是丹灶镇南部乡村处理各种纷争的地方。咸丰年间在这里创建的同人局，是南海县最先建立的乡间团练组织，康有为指出这是"中国地方自治之始"。

4. 注重传承

优越的地理环境为丹灶文化的发展提供了最好的土壤，而让丹灶文化持续发展下去的则是丹灶民众世代坚守的传承精神。丹灶镇历史上的许多著名人物都是家族共同培养出来的，他们所取得的成就多是以家学或者乡学为基础。家学的传统或者乡学的潮流为他们的成长营造了良好的氛围，引导或者启发他们走上不平凡的发明创造之路。

一是家族传承。丹灶镇最著名的三位历史人物当中，方献夫和冯成修都是遗腹子，康有为父亲也去世很早，他们自小就由祖父或者伯父辈抚育成人。方献夫祖父方权饱读诗书，人称"方书柜"，尤精于礼数的沿革演变。他的儿子方遂考中乙榜进士，官广西全州学正。孙子方献夫以议大礼贵显，入阁辅政，位极人臣。这些学问的源头，无不与方权的教养有关。冯成修祖父冯孟肖一生笃守南宋《朱子家训》，伯父冯彭年一生笃信北宋理学五子，因此冯成修"提倡理学，实为岭学先河"。后来冯成修也编有理学专著《养正要规》，他的儿子冯斯伟"教人以《养正要规》为法"，曾孙冯葆廉"十岁读成修《养正要规》"，所以成就了冯成修之后冯门六代七举人。康有为祖父康赞修与堂兄康国熺、康道修及荷村进士徐台英,是冯成修再传弟子何文绮的学生。康有为倾注于理学而不是清代风行天下的考据之学,显然受到了冯成修的理学影响。康国熺是同人局团练的主要创办人之一,康有为认为同人局是"中国地方自治之始",他后来也主持过同人局的事务,并且把它看成是一场"戊戌小变法"。也就是说,康有为的变法思想是在乡学和家学的影响下逐步形成的。由此可见,家族传统和家乡传承对丹灶名人的成长是多么的重要。

二是非遗传承。目前丹灶镇有佛山市级非遗项目四项,分别是葛洪传说、仙岗村烧番塔、龙舟说唱、南海竹编;南海区非遗项目三项,分别是丹灶扒龙舟、盲公话、西联神诞。葛洪传说、南海竹编、丹灶扒龙舟、盲公话和西联神诞是丹灶镇最具特色的非遗项目。葛洪传说是丹灶镇得名的文化渊源,世代相传东晋著名道教学者、医学家葛洪曾经在这里建灶炼丹,研究医术,至今还留下了洗药井、金峰冈炼丹处等遗迹。南海竹编是罗行墟附近居民积累了300多年竹器制作技术的产物,历史悠久,技术精湛。由于现代新材料的应用,竹编日渐减少,传承人也转向更具艺术性的竹编创造,越来越精细而有观赏性。丹灶传统扒龙舟以五人龙最为著名,龙舟上不设龙头、龙尾和锣鼓,不太讲求旗帜、罗伞的装饰。竞渡者要在几十公里的河道里不断回旋往返,在水里与对手经过2~3小时的角逐才能冲向龙门。这不仅讲求扒船速度,还十分考验竞渡者的耐力。盲公话出现在赤磡村,流传已经超过一百年,最早由盲人之间交流的暗语"燕子话"衍化而成,基本上用两个字音来表示一个字的意思,具有非常强的隐蔽性,可以防止外人窃听。"西联神诞"与一般意义上所讲的神诞不同,在神诞当日,不仅信奉该神的村落会有大型的庙宇拜祭仪式,各家各户还会大开宴席,请自己的亲戚朋友欢聚庆祝,场面非常热闹。神诞是丹灶及邻镇西樵、白坭所独有的民俗活动,尤以西联最有代表性。

三是旧名传承。在新生的事物中使用旧名字,是对历史传统的最好继承。这种传承主要有三种：一种是地名。如丹灶镇，就是为了纪念葛洪当年云游到这里采药炼丹的事迹；云溪社区，就是取历史上云溪社区所在的登云堡、磻溪堡中间各一字而成。另一种是路名。丹灶城区有为大道，就是对丹灶镇维新领袖康有为的纪念。罗行墟鼎安路，就是该地曾经所属南海县鼎安都的最后缩影。还有一种是桥名。银河桥和抱龙桥古已有之，旧桥均已坍塌不存，而在旁边新建的现代新桥仍然沿用旧名。

5. 善于开创

丹灶文化注重传承，但是并非固守不变。之所以讲求传承，是因为在传承中可以比其他途径获得更多的机遇和能力，思考别人不一定想到的问题，做出别人不一定做到的事情。传承其实是为了更好的创新。丹灶文化自古以来就具有显著的创新特质，无论是个体还是群体，往往能够洞察先机、引领风潮。

明代阁老方献夫，看到当朝大臣逼嘉靖皇帝认堂兄正德皇帝为父亲的做法有违常理，随即多次上疏指出"继统不继嗣"才符合人情。明代尚书何维柏，知道嘉靖首辅严嵩父子只是阿谀奉承的权诈之人，冒着生命危险也要弹劾他们。清代贵州学政冯成修，在清代考据学盛行之时在广东大讲理学，成为岭南一代儒宗，引领学风走向超过200年。近代维新领袖康有为，在内忧外患、国家危难之际，奋起变法，废科举，建学堂，讲西学，虽流亡海外十几年也在所不辞，康有为家族几代人都受到他的影响。抗日军长陈公侠，与日寇交战大小超过100场，以实际行动保家卫国。八路军政治部宣传科科长周秩，不仅参加抗日，还参加抗美援朝。后来担任四〇四核工厂首任厂长，联合研制出我国第一颗原子弹。还有中国图书馆学奠基人杜定友，中华总商会首任会长高卓雄，中国环境微生物学奠基人简浩然，都在各自擅长的领域内引领时代的风潮，取得了令世人瞩目的成就。

第二节　丹灶文化前景

1. 需关注的问题

丹灶镇得到西、北二江之利的同时，也受到西、北二江的水涨之害。清代《桑园围总志》指出，每当水潦汹涌之时，"南、三、顺等县各围，当西、北二江顶冲，潦水一涨，自上游建瓴而下"，❶处在西北二江交汇之下的丹灶，便"受西、北二江之害，两水并至，往往民叹为鱼"，❷情况十分惨烈。如今孔边村东大榕树下有一块大板石，上有石刻，记载了清代康熙年间水浸丹灶的事件："康熙三十三年甲戌（1694）正月十六日，下雨至闰五月初四稍息，南岸、龙池两处水浸过基，通浸各围，漫至社坛石脚止。闰五月初五，洪水始退，禾稻秧种俱无，惟谷米平波。勒石为记。"现存镇南村族谱也记载了此事："康熙甲戌五月初一日，三水南岸基围崩决，水淹浸月余，本族计倒房舍一百四座。"❸两村文献的内容与《南海县志》的记载基本吻合："（康熙）三十三年五月初六日，西、北江潦齐发，自三水以下，连决十九围。"❹因此，如何在利害之间取得平衡，既可以充分利用水土之利，也可以尽量避开水潦的侵害，丹灶需要在水利工作上付出比别人更加多的努力。此其一。

丹灶文化重传承，善创新，历史悠久，名人辈出。只不过，文化向心力相对比较薄弱，文化输出多而聚集少，明确的地域标识还在酝酿之中而未最终形成。培养出来的人才多为外地做建设，创造出来的成就多被外地所冒领。明代武英殿大学士方献夫，隐居西樵山十多年，为西樵

---

❶（清）明之纲、卢维球纂修：《桑园围总志》卷十三，广西师范大学出版社2014年版，第1347页。
❷（清）郭汝诚修，冯奉初纂：《(咸丰)顺德县志》卷五，见广东省地方史志办公室辑《广东历代方志集成·广州府部（一七）》，岭南美术出版社2009年版，第115页。
❸（民国）吴卓群、吴佐才修：《镇南吴氏族谱》卷三，十一世《吴圣养传》，民国十八年刊本。
❹（清）郑荣修，桂坫纂：《(宣统)南海县志》卷二，见《广东历代方志集成·广州府部（一四）》，岭南美术出版社2007年版，第93页。

山建有石泉书院、百步梯，死后也葬在西樵大冈（如今方献夫墓是后来改迁的），当时人人却只知道有"西樵子"（方献夫号西樵）。明代南京礼部尚书何维柏，早年读书三水崑都山（崑都耸翠后来成为三水八景之一），晚年在番禺河南（今广州市海珠区）开创天山草堂授徒，修建小港桥（今为广州市文物保护单位），死后葬三水芹坑（今为佛山市文物保护单位），以致清初岭南著名学者屈大均称之为"三水何维柏"。❶维新领袖康有为在描述自己家乡时，一直都称"世居南海县西樵山北银塘乡"。❷近代中国图书馆学奠基人之一的杜定友，其家乡一直被认为是西樵大果村。❸

与此同时，历史上来过丹灶读书或者教学的著名学者，他们的足迹还没有得到考证和确认，有关他们来过的资料也没有得到充分的挖掘。比如，明代著名学者庞尚鹏曾在金沙石桥村读书，在这里留有"庞君社"等胜迹。清代乾隆进士何梦瑶曾经在孔边村教书，他为孔边村方可大写墓志时自称："瑶授徒其里。"❹道光二十三年（1843）岭南大儒朱九江曾在南沙新村（棋盘村）坐馆授徒，在那里写下《癸卯在南沙陈氏宾馆，有劝以迁教都会者，因布家人书》《南海县黄鼎司南沙三十乡建石堤祭河神文》，这些文章如今还保留在《朱九江先生集》中。只可惜当地民众对这些事迹和典故已经没有什么印象了。

换言之，丹灶输出的文化事业多被外人所领功，进来丹灶的众多文化名人又没有被很好地记住。久而久之，丹灶丰富的历史文化资源就会在有意无意之中慢慢地流失掉。这对丹灶文化地域标识的形成产生极为不利的影响，将会让丹灶有文化之实而缺乏文化之名，阻碍了丹灶文化

---

❶ （清）屈大均：《广东新语》卷二十四，中华书局2006年版，第607页。
❷ （清）康有为：《上海愚园路游存庐宅落成，赋呈诸公》，见姜义华、张荣华编校《康有为全集》第十二册，中国人民大学出版社2007年版，第377页。
❸ 张世泰《杜定友先生传略》称："杜先生原籍广东省南海县西樵乡大果村"，载《广东图书馆学刊》1981年第3期，第50页。
❹ （清）方菁莪纂修：《南海丹桂方谱·方北山墓志》，广西师范大学出版社2014年版，第1235页。

的长远发展。此其二。

2. 未来发展方向

　　文化地域标识不是十分明显的地方，相对来说，会比较难凝聚文化发展的力量。本土培养出来的各种优秀人才散布在全国乃至世界各地，这应该是一件好事。但是，如果大家都不知道这些优秀人才是丹灶人，那么，他们再出名对丹灶文化的发展也很难有太大的帮助。另外，为本土做建设的各种外来人才大多数来了又走，不一定能够定居下来。如果民众对他们的事迹和所做的贡献不是很了解，那么，多少会降低他们对本土文化发展所带来的有利影响。因此，文化地域标识不明显的地方往往会形成一种文化外向寻求的趋势。这样，本土文化工作者可能会忽略或者找不准本土文化的核心内涵，容易把本来不属于这里或者不适合这里的文化概念套用在本土文化之上，以致水土不服，事倍功半，影响了当地文化的发展。具有显著文化标识的地方，会从当地的历史、当地的文献、当地的人物、当地的遗迹、当地的文物中寻求出一个理念或者文化代名词。这个理念会让外人一看就知道一定是这里而不是其他的哪个地方。而且，这种理念必须是真真正正在历史上存在过的，有文献明确记载的，大家都接受的，而不是根据几个传说故事演绎出来，套用外界观念而成的。

　　目前，历史上留存下来的文物、古迹、非遗项目、名人故事等，丹灶镇在这方面的工作已经做得很充分，挖掘得很深入。不仅有省级、市级文物保护单位，还有全国重点文物保护单位。各种祠堂、庙宇、古建筑、古村落得到了修复活化，各种文化设施、图书馆、文化楼得到了建造。各种文化活动、文体赛事定期举行，呈现出一派文化欣荣的景象。各种文物古迹得到有效保护、各种文化活动得到有序开展、各种文化设施得到广泛建设之后，丹灶文化可以继续往更高的一个层次发展，那就是深入挖掘丹灶历史文献。丹灶历代著作、各村各姓族谱、各庙各祠堂石碑数量众多，《广东通志》《广州府志》《南海县志》及各种名人诗文集、晚清报纸期刊等，也记载过许多丹灶的历史人物、事迹、风俗等相关情况。如果能够在这方面进行大力的挖掘和收集，那么，将能够进一步深化丹灶文化的深厚内涵，更快、更准确地找出一个能够让外人记得住丹灶的文化标识。因此，如何在文物保护、文体活动、文化建筑的良好基础上，同时兼顾文献资料的收集整理，将是未来丹灶文化发展的一个重要方向。

参考文献

古籍：

[1]（唐）房玄龄等．晋书．北京：中华书局，1974

[2]（清）张廷玉等．明史．北京：中华书局，1974

[3]（民国）赵尔巽．清史稿．北京：中华书局，1977

[4]（元）陈大震、吕桂孙纂修．（大德）南海志，广东省地方史志办公室辑广东历代方志集成·广州府部（一）．广州：岭南美术出版社，2007

[5]（明）郭棐撰，黄国声、邓贵忠点校．粤大记．广州：广东人民出版社，2014

[6]（明）戴璟修，张岳．（嘉靖）广东通志初稿，广东省地方史志办公室辑《广东历代方志集成·省部（一）》．广州：岭南美术出版社，2006

[7]（清）阮元修，陈昌齐等．（道光）广东通志，广东省地方史志办公室辑《广东历代方志集成·省部（一三 - 二一）》．广州：岭南美术

出版社，2006

[8] （清）戴肇辰修，史澄.（光绪）广州府志，广东省地方史志办公室辑《广东历代方志集成·广州府部（六-九）》.广州：岭南美术出版社，2007

[9] （明）刘廷元修，王学曾.（万历）南海县志，广东省地方史志办公室辑《广东历代方志集成·广州府部（一〇）》.广州：岭南美术出版社，2007

[10] （明）朱光熙修，庞景忠等.（崇祯）南海县志，广东省地方史志办公室辑《广东历代方志集成·广州府部（一〇）》.广州：岭南美术出版社，2007

[11] （清）郭尔戺修，冼国干等.（康熙）南海县志，广东省地方史志办公室辑《广东历代方志集成·广州府部（一一）》.广州：岭南美术出版社，2007

[12] （清）（乾隆）南海县志，广东省地方史志办公室辑《广东历代方志集成·广州府部（一二）》.广州：岭南美术出版社，2007

[13] （清）潘尚楫修、邓士宪等纂.（道光）南海县志，广东省地方史志办公室辑《广东历代方志集成·广州府部（一三）》.广州：岭南美术出版社，2007

[14] （清）郑梦玉等修，梁绍献等.（同治）南海县志，广东省地方史志办公室辑《广东历代方志集成·广州府部（一一）》.广州：岭南美术出版社，2007

[15] （清）郑蓁修，桂坫.（宣统）南海县志，广东省地方史志办公室辑《广东历代方志集成·广州府部（一四）》.广州：岭南美术出版社，2007

[16] （清）郭汝诚修，冯奉初.（咸丰）顺德县志，广东省地方史志办公室辑《广东历代方志集成·广州府部（一七）》.广州：岭南美术出版社，2007

[17]（清）郑玟纂修.（康熙）三水县志,广东省地方史志办公室辑《广东历代方志集成·广州府部（四〇）》.广州：岭南美术出版社,2007

[18]（清）李友容修,邓云龙.（嘉庆）三水县志,广东省地方史志办公室辑《广东历代方志集成·广州府部（四〇）》.广州：岭南美术出版社,2007

[19]（清）佚名.龙江乡志,《中国方志丛书》第五十一号.台北：成文出版社,1967

[20]（清）温汝能.龙山乡志,《中国地方志集成·乡镇志专辑31》.南京：江苏古籍出版社,1992

[21]（清）黎春曦.南海九江乡志,《中国地方志集成·乡镇志专辑31》.南京：江苏古籍出版社,1992

[22]（清）冯栻宗、黎璿.九江儒林乡志,《中国地方志集成·乡镇志专辑31》.南京：江苏古籍出版社,1992

[23]（清）郭文炳修,张朝绅、李作楫.（康熙）东莞县志,广东省地方史志办公室辑《广东历代方志集成·广州府部（二二）》.广州：岭南美术出版社,2007

[24]（明）方献夫.西樵遗稿,陈建华主编《广州大典》第423册.广州：广州出版社,2015

[25]（明）方献夫.周易传义约说,陈建华主编《广州大典》第132册.广州：广州出版社,2015

[26]（明）方献夫著,景海峰编,问永宁、周悦点校.方献夫集.上海：上海古籍出版社,2016

[27]（明）何维柏.天山草堂存稿.桂林：广西师范大学出版社,2014

[28]（明）何维柏.天山草堂存稿.光绪八年沙滘何沅重抄本

[29]（明）陈良节.诚征录.光绪二十八年沙滘何沅重抄本

[30]（明）何文邦修,刘节.（嘉靖）南安府志,《天一阁藏明代地方志

选刊续编·五〇》,上海:上海书店,1990

[31] (清) 冯成修. 养正要规. 同治五年广州西湖街华文堂刻本

[32] (清) 徐台英. 铅刀集,陈建华主编《广州大典》第464册. 广州:广州出版社,2015

[33] (清) 康国熺. 六太居士集,陈建华主编《广州大典》第463册. 广州:广州出版社,2015

[34] (清) 康国熺. 六太居士遗稿,陈建华主编《广州大典》第463册. 广州:广州出版社,2015

[35] (清) 康有为. 不忍杂志汇编. 桂林:广西师范大学出版社,2016

[36] (清) 康有为撰,姜义华、张荣华编校. 康有为全集. 北京:中国人民大学出版社,2007

[37] (清) 康有为著,楼宇烈整理. 康南海自编年谱(外二种). 北京:中华书局,1992

[38] (清) 李应鸿. 李应鸿会试乡试朱卷,陈建华、曹淳亮主编《广州大典》第208册. 广州:广州出版社,2015

[39] (清) 何沅. 北行日记. 光绪二十八年重抄本

[40] (清) 梦兰. 北上日记,桑兵主编《清代稿抄本》第9册. 广州:广东人民出版社,2007

[41] (清) 何锡祥辑. 天山草堂诗存. 光绪二十九年沙滘何沅重抄本

[42] (清) 冯愿. 狷斋丛抄,桑兵主编《清代稿抄本》第39册. 广州:广东人民出版社,2007

[43] (清) 冯愿. 孝经实践录,陈建华主编《广州大典》第142册. 广州:广州出版社,2015

[44] (清) 劳潼编. 冯潜斋先生年谱,陈建华主编《广州大典》第191册. 广州:广州出版社,2015

[45] (清) 陈宝箴著,汪叔子、张求会编. 陈宝箴集. 北京:中华书局,2003

[46]（清）李宗颢著，丁玲、王婧、罗小红注释．李宗颢日记手稿．桂林：广西师范大学出版社，2013

[47]（清）林彭年．林彭年会试朱卷一卷，陈建华主编《广州大典》第208册．广州：广州出版社，2015

[48]（清）林彭年．朝珊剩草，《清代诗文集汇编》第七一七册．上海：上海古籍出版社，2010

[49]（清）简朝亮编．朱九江先生集，陈建华主编《广州大典》第462册．广州：广州出版社，2015

[50]（清）明之纲、卢维球纂修．桑园围总志．桂林：广西师范大学出版社，2014

[51]（明）欧大任．欧虞部集．北京：书目文献出版社，1988

[52]（清）屈大均．广东新语．北京：中华书局，2006

[53]（清）永瑢等撰．四库全书总目．北京：中华书局，2003

[54]（明）王守仁．王阳明全集．上海：上海古籍出版社，1992

[55]（明）黄宗羲著，沈善洪主编．黄宗羲全集．杭州：浙江古籍出版社，2012

[56]（宋）发云编．翻译名义集，张元济辑《四部丛刊初编·子部》．上海：商务印书馆，1926

[57]（清）李人镜修，梅体萱纂．（同治）南城县志，《中国地方志集成·江西府县志辑55》．南京：江苏古籍出版社，1996

[58]（民国）萧家修等修，欧阳绍祁纂．（民国）分宜县志，《中国方志丛书》华中地方第一七三号．台北：成文出版社有限公司，1975

族谱：

[59]（清）方菁莪纂修．（孔边）南海丹桂方谱，桂林：广西师范大学出版社，2014

[60]（清）李富琛修．（李边）李申及堂族谱．清抄本

[61]（清）佚名修.（西岸）何氏族谱.清抄本

[62]（清）佚名修.（仙岗）陈氏族谱.抄本

[63]（民国）谢耀明等修.（丹灶）（民国）丹山谢氏世谱，佛山市人民政府地方志办公室、广东省立中山图书馆编《佛山地区旧族（家）谱汇辑》第十三册.2014年

[64]（民国）吴卓群、吴佐才修.（镇南）吴氏族谱，民国十八年刊本

现代著作：

[65] 南海市地方志编纂委员会编.南海县志.北京：中华书局，2000

[66] 佛山市南海区地方志编纂委员会.南海市志1979—2002.广州：广东人民出版社，2009

[67] 佛山市南海区民政局编.南海市地名志.广州：广东经济出版社，2008

[68] 佛山市南海区丹灶镇地方志编纂委员会编.丹灶镇志.2009

[69] 佛山市南海区丹灶镇地方志编纂委员会编.金沙镇志.2009

[70] 佛山市南海区九江镇地方志编纂委员会编.九江镇志.广州：广东经济出版社，2009

[71] 广东省佛山市南海区西樵镇地方志编纂委员会编.南海市西樵山旅游度假区志.广州：广东人民出版社，2009

[72] 三水县地方志编纂委员会编.三水县志.广州：广东人民出版社，1995

[73] 广东省三水县地名委员会编.三水县地名志.广州：广东高等教育出版社，1988

[74] 康同薇纂.日本变法由游侠义愤考一卷，陈建华主编《广州大典》第234册.广州：广州出版社，2015

[75] 刘懋初编.广东经济纪实.广州：天香书屋，1934

[76] 刘懋初编.经济学.广州：天香书屋，1935

［77］杜定友著，广东省立中山图书馆、中山大学图书馆编.杜定友文集.广州：广东教育出版社，2012

［78］杜维明.杜维明文集.武汉：武汉出版社，2002

［79］黎秀石.日本投降的前前后后.香港明报出版社有限公司，1995

［80］黎秀石.见证日本投降.广州：广东人民出版社，2005

［81］黎秀石、黎思恺.英美报刊小品101篇，广州：中山大学出版社，1990

［82］黎秀煊.史海寻览.佛山市机关印刷厂有限公司，2009

［83］陈恩维，吴劲雄编著.佛山家训.广州：广东人民出版社，2016

［84］谢中元.走向"后申遗时期"的佛山非遗传承与保护研究.广州：中山大学出版社，2015

［85］魏建科、蔡婉静、熊奏凯.风云二百年：北京南海会馆.广州：广东人民出版社，2016

［86］林振勇、任流、陈春陆编.佛山历史文化辞典.天津：百花文艺出版社，1994

［87］何德廷.商道认同：长江流域的商务与商俗.武汉：长江出版社，2014

［88］王德明.百年家族康有为.台湾立绪事业文化公司，2002

［89］广东南雄珠玑巷后裔联谊会、南雄市政协文史资料委员会编.何氏渊源.1998年

［90］胡朴安编.中华全国风俗志.石家庄：河北人民出版社，1988

期刊论文：

［91］麦学榜.南海箩行附近各树种记.广东农林月刊，1917，1（6）

［92］陈滚滚.陈氏家族与广州陈联泰、均和安机器厂，《广东文史资料》第二十辑，广州：广东人民出版社1965年

［93］张世泰.杜定友先生传略.广东图书馆学刊，1981（3）

[94] 梁光泽. 晚清岭南油画（一）有关最早的架上油画家史贝霖-关作霖-啉呱的探讨. 岭南文史，1995（1）

[95] 潘炽棠. 制作大元帅服的潘氏洋服世家. 文史纵横，2011（3）

[96] 姚美云. 论闽粤赣烧塔民俗的文化内涵及传承价值. 赣南师范学院学报，2012（4）

[97] 陈鸿钧. 广州出土明代南京礼部尚书何维柏夫人劳氏墓志纪略. 岭南文史，2014（4）

[98] 吴劲雄. 论何维柏籍贯之争的过程与性质. 澳门文献信息学刊，2016（2）

[99] 张莹. 中国第一家近代民族资本工业再考证. 广东史志，2017（5）

[100] 吴劲雄. 新见何维柏著作清抄本三种. 图书馆论坛，2017（8）

报纸：

[101]《申报》（上海版），1893年第7167号，1896年第8506号，1928年第19937号

[102]《两广官报》第九期，1912年

[103]《南海县政季报》第二期，1929年

[104]《佛山日报》2008年10月25日B02版

研究报告：

[105] 马蔚彤《佛山市南海丹灶"盲公话"的调查与分析》，2013年度佛山市哲学社科规划项目报告

后　记

《丹灶历史文化丛书》(第一辑)之《丹灶文化解密》的立项与编写，得到了丹灶镇委镇政府的高度重视，在镇委委员陈亮华、镇宣传文体办主任梁惠瑶等同志的积极推动下正式展开。感谢他们对我的信任，把这本书交由我来编写。

让我来解密丹灶文化，我深感荣幸，因为我就是一个土生土长的丹灶人。我的曾伯父吴佐才（祖父的亲大伯）是丹灶镇镇南村《吴氏族谱》的编写者。我的堂姨婆徐柳仙（祖母的堂姐）是粤剧"四大平喉"之一，我小时候就常听祖母给我讲徐柳仙的故事。可以说，研究丹灶历史、追寻丹灶先贤足迹，是我的一个夙愿。但同时我又诚惶诚恐，倍感责任重大，我才疏学浅，担心无法完成这一艰巨任务，不能完整、准确地把丹灶镇以往的历史文化呈现在各位读者眼前，不但有负重托，还会让历代先贤的光辉足迹黯然无光。因此，在本书的调研、写作过程中，我不敢有半点松懈，因为我深知，哪怕我的一个细微失误，都将极有可能导致大家对丹灶文化的理解出现偏差。

编写《丹灶文化解密》的过程，其实也是我重新认识家乡的过程。我从未如此全面地、深入地、亲切地触摸过我的家乡，这让我获益良多，深有感触。正所谓"如入芝兰之室,久而不闻其香",可能平时看惯了这里的风景,就不觉得有什么特别,一旦深入其中慢慢考察,我才发现这里格局宏大、风光无限,有许多地方值得我们去细细品味。但是,这也是一个巨大的挑战。第一,文献的收集是最大的难题。记载地方事件的文献本来就不多,而文献的记载往往也只是几个点,几个有著名人物、有重大事情、有特殊纪念价值的地方,不可能细致到每一个村,而最能反映各村历史的族谱,现在能看到的只有极少数的几部,资料有限,语焉不详。第二,对于某些历史人物、事迹,民间往往会流传着许多不同的故事,本来在文献缺乏的情况下,民间的说法可以作为史料的补充,但是,使用这些资料要十分谨慎,没有相关材料的佐证就贸然使用,不仅不能增加说服力,反而会造成反效果,大大削弱论著的可信度。第三,编写地方历史文化丛书有一个十分严肃的问题需要考虑,就是主办方都会有一种希望能体现地方文化更加出彩的主观意愿,这本是无可厚非,只不过,这多多少少可能会影响学术研究的客观性,降低文化丛书的总体质量和可信度。如何解决这三个问题,就成为《丹灶文化解密》的最主要任务。

因此,我用了一个半月的时间下乡进行调研,广泛听取民间的各方面意见,收集能看到的所有文字资料、碑刻、族谱,实地考察文献记载的各个地方,随时走访民众无意中提到的某些遗迹,掌握了重要的第一手资料。同时利用中山大学图书馆、广东省立中山图书馆丰富的馆藏,查找《广东省志》《广州府志》《南海县志》、各种乡志、诗文集以及各种近现代报纸如《申报》《南海县政季报》《两广官报》《广东农业月刊》中有关丹灶镇的记载,力求把资料搜罗殆尽,没有遗漏。令人惊喜的是,在广东省图书馆发现了李边村的《李申及堂族谱》和丹灶村的《丹山谢氏世谱》,在西岸村找到了《何氏族谱》,在文化站李志雄手上看到了仙岗村《陈氏族谱》,在元代《(大德)南海志》发现有丹灶渡、横江渡的记载,在《朱九江先生集》发现了专门写南沙新村(棋盘村)的多篇资料，在《申报》中发现了罗行墟、横江墟的详细记载，等等。原来，看似地方不大的一个丹灶镇，历史上也受到过众多著名人物、著名书报的关注和记载，这是多么了不起的事情！

另外，为了体现书中每一种论断的真实性和可信性，并不是对地方文化的故意拔高和曲意维护，凡是书中所引用的每一条材料都会详细地注明出处和页码，让读者可以查找原文，核对材料，公开透明，童叟无欺。对于实在没有文献可以印证，但是在民间又广泛流传、影响很大的说法，也会适当采入书中，辅以相关说明，如汉代太史公司马迁撰写《史记》那样，指明某某地相传是舜墓、某某处相传是禹井，等等，让先贤的遗迹不会因为一时的文献缺乏而被埋没。

在《丹灶文化解密》的写作过程中，我得到了丹灶文化站无微不至的帮助和支持，郭亚明、叶迟华、李志雄、游碧坤、胡和等同志都高度重视、积极配合，不仅为我提供了许多重要资料，还在我每一次下乡调研之前帮我联系好村居、安排好各项工作。文化站的徐佩英、何凤婵、陈瑞清以及丹灶社区报记者陈雅静，多次陪同我进行实地考察，完全不惧荒野丛林、烈日风雨，在古迹废墟中登山涉水，发掘了许多之前很少被关注的遗迹和石碑。丹灶镇国土城建和水务局、地方志办公室为我提供了各种地图、村志资料，镇内各村居联系人带我走访村内遗迹、讲解村居情况。还有中山大学历史系博士生杨琳、中国社科院法律系研究生朱小丫，帮我在历代《广东通志》《广州府志》《南海县志》中找出了全部与丹灶镇有关的材料。作为本书的审稿专家广东省方志馆前馆长、广东省文史馆员林子雄，顺德区博物馆前副馆长、著名文化学者李建明以及南海丹灶的本土文史专家吴彪华、叶永恒、何树能、罗锦初等，为本书提出了许多有用的修改意见，让本书日趋完善。还有一些在本书写作过程中帮助过我的其他师友，在此一并表示感谢！

由于本人能力有限，错误在所难免，敬请各位专家、读者指正！

吴劲雄

二〇一八年中秋，写于康乐园